Brot backen

Brot backen

Köstliche Rezepte aus der guten alten Zeit

Weltbild

Foto- und Rezeptnachweis:
Aurora: S. 34, 38/39 (Gerät: backProfi), 48/49, 58/59, 60/61, 66 (Gerät: backprofi), 70; CMA-Fotoservice: S. 26/27, 29, 72/73; Diamant: S. 29, 42; GMF: S. 8, 9; Grafschafter Krautfabrik Josef Schmitz KG: S. 56; Miele: S. 17; Molkerei Alois Müller: S. 7, 32/33, 44/45, 52/53; Peter Kölln KGaA: S. 24/25, 57, 64/65, 74/75, 76/77, 78/79; PhotoAlto: S. 14; Reformhaus KOCHSTUDIO/E. Gerlach: S. 22/23, 30, 68/69, 71; Römertopf: S. 62/63; Schnitzer GmbH: S. 12, 13; Seitenbacher: S. 35, 36/37; Unold (Gerät: Backmeister 8600): 17, 28, 54; USA-Sonnenblumenkerne: S. 50/51; Zenker by Fackelmann: S. 20/21, 46/47

Trotz intensiven Nachforschens war es nicht in allen Fällen möglich, die genaue Quelle der Fotos/Rezepte ausfindig zu machen. Für ergänzende Hinweise sind wir dankbar, sie würden dann in möglichen Nachauflagen berücksichtigt werden.

Genehmigte Lizenzausgabe für Verlagsgruppe Weltbild GmbH, Steinerne Furt, 86167 Augsburg

Redakteurin: Irene Rüter, Ellerbek
Umschlaggestaltung: Atelier Lehmacher, Friedberg (Bay.)
Umschlagmotive: mauritius images/Marc Gilsdorf (v.), Atelier Lehmacher/Silvia Braunmüller (h.)
Gesamtherstellung: TYPOS-Digital Print, Plzen

Printed in EU

ISBN 978-3-8289-1259-5

2010 2009 2008 2007
Die letzte Jahreszahl gibt die aktuelle Lizenzausgabe an.

Inhalt

Vom Einheitsbrei zur Brotvielfalt

Der Mensch lebt nicht vom Brot allein – mit Brot aber immerhin schon mehrere tausend Jahre. Schon in der Steinzeit begannen die Menschen mit dem Anbau von Getreide. Die ältesten uns bekannten Arten sind Emmer (ein Urweizen), Gerste und Hirse. Sie breiteten sich in der Zeit von 6000 bis 3000 v. Chr. in Asien und Nordafrika aus. Zunächst wurden die Körner grob zerstoßen bzw. mit dem Reibstein gemahlen und mit Wasser zu einem Brei verarbeitet. Später backte man daraus in heißer Asche oder auf heißen Steinen kleine Fladen, die problemlos längere Zeit haltbar waren.

Das schöne lockere Brot, so wie wir es heute kennen, haben wir vermutlich einem Zufall zu verdanken. Man nimmt an, dass etwa um 2500 v. Chr. in Ägypten eine Hausfrau oder ein Bäcker (gewerbliche Bäckereien gab es dort schon zwischen 3000 und 2700 v. Chr.) den für Fladenbrot angerührten Getreidebrei schlichtweg vergaß und dieser zu gären anfing. Als man das Malheur entdeckte, entschloss man sich, den sauren Teig dennoch zu verbacken. Und siehe da, das Gebäck ging locker auf, duftete und schmeckte vorzüglich. Später verwendeten die Ägypter für ihr Brot auch den Bodensatz vom Bierbrauen. Ungefähr 1500 v. Chr. waren sie bereits in der Lage, aus Bierhefe eine reine Hefe herzustellen.

Von Ägypten aus kam das Sauerteigbrot über Griechenland – dort kreierte man schon 70 Sorten – nach Rom, wo die Brotkultur eine neue Blütezeit erlebte. Die Römer erfanden die Drehmühle aus Stein und den gemauerten Backofen.

Großmutters Tipp:
Vielerorts gibt es wieder Gemeinschaftsbackhäuser, in denen die Bewohner an bestimmten Tagen den zu Hause zubereiteten Teig in den großen Holzofen schieben können. Erkundigen Sie sich bei Ihrer Gemeinde, ob es eine solche Einrichtung gibt. Hier können Sie auch Erfahrungen austauschen und Tipps erhalten.

Mit der Eroberung Germaniens brachten die Truppen vom „Stiefel" die Brotkultur über die Alpen. Es dauerte jedoch noch Jahrhunderte, bis Brot in unseren Breiten zum alltäglichen Nahrungsmittel wurde.

Die Entwicklung der Bäckereien ist vor allem den Klöstern zu verdanken, die im frühen Mittelalter für den Eigenbedarf, aber auch zur Armenspeisung backten. Brot selber backen war aber natürlich auch in bäuerlichen Haushalten und in der dörflichen Kultur weit verbreitet. Zahlreiche Rezepte und lokale Varianten sind aus Großmutters Zeiten überliefert, und in vielen Gemeinden gehört das Backhaus und sein Betrieb heute wieder zum alltäglichen Bild. Aber auch die heutigen Herde, die Brotbackautomaten und Tontöpfe tragen dazu bei, dass selbst gebackenes Brot wieder in Mode kommt. Und nicht zu vergessen: Der unvergleichliche Geschmack frisch gebackenen Brotes oder Brötchen.

Auch wenn das Bäckerhandwerk heute über 300 Brotsorten anbietet, viele halten es wieder so wie Matthias Claudius: »Kämpf und erkämpf dir eignen Wert, hausbacken Brot am besten nährt.«

(aus: Ein gülden Abc)

Eine Frage der Ähre

Wichtigstes Backgetreide in Mitteleuropa ist der Weizen. Er weist die besten Backeigenschaften auf, denn er verfügt über einen hohen Anteil an Kleber (Gluten). Diese Eiweißstoffe lassen das Mehl gut quellen und bilden ein stabiles Gerüst, das beim Aufgehen des Teiges die von den Treibmitteln erzeugten Kohlensäurebläschen einbettet. Dadurch wird der Teig schön locker, hält aber dennoch gut zusammen.

Man kann zwischen zahlreichen Mehlarten wählen. Allerdings sollte man für bestimmte Brotsorten unbedingt das dazu passende Mehl benutzen. Denn die einzelnen Mehle haben unterschiedliche Eigenschaften.

Das zweite große Brotgetreide ist Roggen. Seine Eiweißstoffe sind jedoch weniger quellfähig. Außerdem enthält Roggen bestimmte Ballaststoffe, die erst durch Säure aufgeschlossen werden müssen, damit das Mehl zu lockerem Brot verarbeitet werden kann. Hier kommt der Sauerteig zum Einsatz.

Eine Renaissance erlebt seit geraumer Zeit der aromatische Dinkel oder Spelzweizen. Er ist eine Urform des Weizens und enthält noch mehr Klebereiweiß als sein Verwandter.
In einem verregneten Sommer des 18. Jahrhunderts entdeckte man in Süddeutschland, dass man Dinkel auch unreif ernten und anschließend über Buchenholz darren kann. Dabei wurden die rötlichen Körner grün – der so genannte Grünkern war geboren. Das Rösten verleiht ihm ein würziges, nussartiges Aroma.
Gerste enthält kein Klebereiweiß und ist nur in Verbindung mit anderen Getreidearten (wie z. B. in 6-Korn-Mischungen) zum Backen geeignet. Ihr Geschmack ist angenehm malzig und etwas süßlich.
Hafer in Form von Mehl, Grütze oder Flocken verleiht Broten einen herzhaften Geschmack. Sein Gehalt an Eiweiß sowie den Mineralstoffen Kalzium, Magnesium, Mangan, Kupfer und Zink übertrifft alle anderen Getreidearten. Er enthält aber auch das meiste Fett, das allerdings zu 70 Prozent aus wertvollen ungesättigten Fettsäuren besteht.
Die mineralstoffreiche Hirse ist frei von Gluten und kann daher nur als Zusatz für Gebäck verwendet werden. Sie macht Brot knuspriger und ihr süßlich-nussiger Geschmack verleiht ihm eine besondere Note. Mit Hirsemehl gebackene Brote sind feinporig.
Das goldgelbe Sojamehl wird nur in kleinen Mengen unter Brotteig gemischt, denn es besitzt kein Klebereiweiß. Es verbessert vor allem die Haltbarkeit, die Krume und die Schnittfestigkeit von Brot. Außerdem verleiht es ihm ein feines Aroma und eine schöne gelbliche Farbe.
Maismehl enthält ebenfalls kein Gluten und kann daher nur für Fladenbrote oder mit Weizen bzw. Roggen gemischt verbacken werden.

Auch Buchweizen mit seinem kräftig-herben, nussigen Geschmack trägt zur Brotvielfalt bei. Er ist botanisch gesehen kein Getreide, sondern ein Knöterichgewächs. Seine relativ weichen Samen enthalten hochwertiges Eiweiß, reichlich Mineralstoffe, Vitamin B_1 und Lezithin, die den Nährwert einer Scheibe Brot aufwerten. Allein ist das glutenfreie Mehl fürs Brotbacken allerdings nicht tauglich. Im Handel sind ganze Körner, Buchweizengrütze (gebrochene Samen) und Mehl erhältlich. Getreide- und Mehlsorten, die nicht so häufig verwendet werden, finden Sie meist in Reformhäusern oder gut sortierten Naturkostläden.

Gängig sind bei Weizenmehl die Typen 405 (mit und ohne Weizenkeime), 550 und 1050 sowie Weizenbackschrot 1700 (Korn ohne Keimling), bei Roggenmehl 997 und 1150 sowie Roggenbackschrot 1800 (Korn ohne Keimling). Bei Dinkel unterscheidet man helles Mehl der Type 630, Type 812, 1050 und Dinkel-Vollkornmehl. Andere Getreidesorten, z. B. Hafer, werden ohne Typenbezeichnung angeboten. Die meisten Mehle gibt es inzwischen auch in Bioqualität.

Aufs Korn genommen

Ob Weizen, Dinkel oder Roggen – jedes Korn besteht aus drei Teilen: Innen liegt der stärke- und eiweißhaltige Mehlkörper. Daran haftet der Keimling. Er besteht überwiegend aus Eiweiß und Fett, enthält aber auch Vitamine (vor allem E). Beides wird von der Frucht- und Samenschale umhüllt. Sie ist reich an Vitaminen der B-Gruppe, Ballast- und Mineralstoffen. Aber nicht jedes Mehl enthält alle Nährstoffe des Korns.

Kleine Typenlehre

Nur für Vollkornmehl und Vollkornschrot (grob zerkleinerte Körner) wird das ganze Korn vermahlen. Darunter gibt es Abstufungen. Je mehr Schalenanteile ein Mehl enthält, desto dunkler ist es und umso höher ist sein Gehalt an Vitalstoffen. Die Mineralstoffe bestimmen die Mehltype, die auf der Packung steht. Dabei gibt die Typenzahl an, wie viel Milligramm Mineralien in 100 Gramm Mehl enthalten sind. Beispiel: 100 g Weizenmehl Type 405 hat etwa 405 mg Mineralstoffe, Type 1050 etwa 1050 mg. In Vollkornmehl steckt das ganze Korn.

Welche Type wofür?

Weizenmehl Type 405 kommt beim Brotbacken seltener zum Einsatz. Es ist vielmehr für feine, lockere Kuchenteige geeignet. Type 550 hat einen hohen Anteil an backfähigem Eiweiß, das Hefeteig sehr gut aufgehen lässt. Es ist ideal für Brötchen und helle Brote. Die gleichen hochwertigen Backeigenschaften hat auch Dinkelmehl Type 630. Roggenmehl Type 997 verwendet man z. B. für Roggenbrot und -brötchen. Die mittleren Mehltypen wie Weizen 1050 und Roggen 1150 eignen sich prima für Mischbrote. Wer kräftige Brote mag, sollte Vollkornmehle verarbeiten.

Dunkle Mehle und Vollkornmehle benötigen bei der Teigzubereitung mehr Flüssigkeit. Das müssen Sie berücksichtigen, wenn Sie Mehltypen in einem Rezept gegeneinander austauschen: Wenn Sie Type 405 durch Type 1050 ersetzen wollen, müssen Sie etwa 10 % mehr Flüssigkeit verwenden. Nehmen Sie jeweils zur Hälfte Type 1050 und Weizen-Vollkornmehl, sind etwa 15 % mehr Flüssigkeit erforderlich.

Kühl, trocken und dunkel gelagert hält sich Mehl etwa 12 bis 15 Monate. Das Mehl sollte vor Fremdgerüchen geschützt gelagert werden. Vollkornmehl wird leicht ranzig, da es den fetthaltigen Keim enthält. Aus diesem Grund ist es möglichst rasch zu verbrauchen.

Mehl kaufen oder selber mahlen?

Zum Backen von Vollkornbrot ist frisch gemahlenes Mehl ideal, denn direkt aus der Mühle ist es am aromatischsten und enthält noch alle wertvollen Inhaltsstoffe. Getreide in kleineren Mengen bekommen Sie im Reformhaus oder Naturkostladen. Dort werden die Körner auf Wunsch meist auch frisch gemahlen. Fleißige Bäcker können größere Getreidemengen direkt von einer Mühle beziehen (siehe „Gelbe Seiten"). Achten Sie darauf, dass das Getreide von Schmutz, Unkrautsamen und Mutterkorn gereinigt ist. Trocken und luftig aufbewahrt – z. B. in Jutesäcken – ist

dieser Vorrat lange haltbar. Dann brauchen Sie allerdings auch eine elektrische Getreidemühle, die in verschiedenen Größen und Ausstattungen erhältlich ist (Naturkostladen, Internet-Versandhandel).
Wenn Sie bereits eine Küchenmaschine besitzen, gibt es dazu vielleicht einen Aufsatz zum Getreidemahlen. Für Hobbybäcker ist ein Gerät mit Steinmahlwerk vorteilhaft, das auch feines Mehl (pro Minute 100 Gramm) liefert. Ölsaaten können damit allerdings nur grob oder zusammen mit Getreide gemahlen werden. Ansonsten eignen sich die Mühlen in der Regel für alle Getreidearten sowie Buchweizen, Amaranth und Quinoa. Harten Mais schafft aber nicht jedes Gerät. Edelstahl-Mahlwerke verarbeiten Ölsaaten auch solo.

Für manche Küchenmaschinen gibt es einen Aufsatz zum Getreidemahlen. Erkundigen Sie sich bei Ihrem Hersteller.

Treibende Kräfte

Lockeres Gebäck ist nicht nur angenehmer zu kauen, es ist auch leichter verdaulich. Hier kommen die Backtriebmittel ins Spiel. Für das Aufgehen des Teiges ist das Gas Kohlendioxid verantwortlich. Es entsteht entweder durch biologische Gärung, wie bei Hefe- und Sauerteig, oder durch eine chemische Reaktion wie z. B. bei Teigen mit Backpulver.
Beim Backen von Weizen- und Dinkelbrot kommt überwiegend Hefe zum Einsatz. Sie ist ein natürliches und lebendiges Backtriebmittel. Wenn sich die Hefezellen mit Hilfe von Wärme, wenig Zucker bzw. Honig und Feuchtigkeit vermehren, setzen sie Kohlendioxid und Alkohol frei, die den Teig aufgehen lassen. Frische Hefe für den privaten Verbrauch gibt es in 42-g-Würfeln. Frische Hefe sollte seidig schimmern, frisch-säuerlich duften und mit glatten Bruchstellen zerbröckeln. Im Kühlschrank ist sie etwa 2 Wochen haltbar. Bis zu 18 Monate hält Trockenbackhefe, die in Päckchen im Handel ist.

Für eine lockere Krume von Roggen- und Roggenmischbroten sorgt Sauerteig (fermentierter Roggen- oder Weizenteig). Hier wirken Hefen, Milch- und Essigsäurebakterien zusammen. Er verleiht dem Brot auch den feinsäuerlichen Geschmack und macht es bekömmlicher. Nur mit Hefe zubereitet würde Roggenbrot feucht und klitschig. Häufig werden aber auch beide Teiglockerungsmittel kombiniert. Sauerteig gibt's frisch vom Bäcker oder abgepackt als Natursauerteig (flüssig, Folienbeutel à 75 oder 150 g), als Sauerteig-Extrakt (Päckchen mit 15 oder

Gemeinsam in der Familie Brot backen ist für Kinder eine kreative Erfahrung – und die Erwachsenen verbringen mit den Kindern eine entspannte und lehrreiche Zeit.

30 g Pulver) und getrockneten Sauerteig (Beutel à 100 g) in gut sortierten Lebensmittelgeschäften, Reformhäusern, Bio- und Naturkostläden. Mit etwas Geduld können Sie Sauerteig auch selbst herstellen (siehe Seite 40).

Eine ähnliche Gärhilfe ist Backferment (gibt's im Naturkosthandel), das aus Honig, Mehl und Hülsenfrüchten hergestellt wird. Hier sorgen Nektarhefen und Enzyme für die Teiglockerung. Fermentsauerteig wird ähnlich wie herkömmlicher Sauerteig in Stufen angesetzt (siehe Anleitung auf der Verpackung). Damit zubereitete Brote schmecken aber milder und sind noch leichter verdaulich.
Backpulver wird beim Brotbacken nur für wenige, meist kleinere Gebäcke verwendet.

Brotvielfalt durch Zutaten

Im Grunde genommen braucht man zum Brotbacken nur Mehl, Wasser und – wenn's schneller gehen soll – ein Backtriebmittel. Für die Abwechslung im Brotkorb sorgen vor allem die vielen aromatischen Beimischungen, die fast immer zusätzlich gesunde Nährstoffe liefern.
Nüsse und Samen werten das Brot mit Eiweiß, essentiellen Fettsäuren, Vitaminen und Mineralstoffen auf. Hasel-, Erd- und Walnüsse sowie Mandeln mischt man meist unter den Teig. Ölsaaten wie Leinsamen, Sesam, Kürbis- und Sonnenblumenkerne verwendet man zum Bestreuen und Einbacken. Mohn sorgt für eine dekorative und würzige Brotkruste.
Neben Salz und Zucker gibt es noch jede Menge Kräuter und Gewürze, mit denen Sie Brot eine besondere Note verleihen können. Als klassisches Brotgewürz wird eine fertige Mischung aus Kümmel, Fenchel, Anis und Koriander angeboten. Selbstverständlich kann jedes dieser Gewürze auch solo verwendet werden.
Bei den Kräutern bieten sich z. B. Basilikum, Thymian und Rosmarin an. Geröstete Zwiebeln, Knoblauch, Würfelchen von Schinken, durchwachsenem Speck oder Käse sind weitere be-

liebte Zutaten. Für süße Brote eignen sich Nüsse, Rosinen, Korinthen und Sukkade, als Gewürze Piment, Vanille und Zimt. Ihrer Phantasie sind kaum Grenzen gesetzt, zumal viele Zutaten, die zu Großmutters Zeiten nur im Feinkosthandel erhältlich waren, heute in jedem gut sortierten Supermarkt zu kaufen sind.

Brot gut in Form

Für ungeübte Brotbäcker ist es einfacher, mit Backformen zu arbeiten. Sie sind auch dann nötig, wenn der Teig sehr feucht und leicht klebrig ist. Brotbackschalen aus Naturton, die gewässert werden müssen, sorgen für eine optimale Luftfeuchtigkeit im Backofen und damit für eine schöne Brotkruste. Innen sind sie mit einer Thermoglasur versehen. Sie können aber auch Ihren ganz normalen Tontopf verwenden.

Die gängigen Kastenformen aus Schwarzblech sind ebenfalls zum Brotbacken geeignet. Es gibt aber auch spezielle Modelle, die etwas breiter sind als die herkömmlichen Königskuchenformen. Sie werden in verschiedenen Längen angeboten: 20, 25, 30, 35 cm oder ausziehbar von 20 bis 35 cm bzw. von 28 bis 40 cm. Für Sauerteigbrote sollte die Form wenn möglich eine säurebeständige Beschichtung haben. Zu den neueren Modellen zählt eine „ovale Laib-Form“ (28 x 24 x 6,5 cm), die wie eine Springform konstruiert ist. Im Handel sind auch runde (30 cm Ø) und ovale (32 cm Ø) Brotbackformen mit sauerteigbeständiger Spezialbeschichtung erhältlich. Sie dienen mehr dem Ausformen des Brotes, denn nach einer Backzeit von 15 Minuten werden die Laibe auf ein Backblech gestürzt und fertig gebacken.

Großmutters Tipp:

Zum Ausformen von Broten, die ohne Form gebacken werden, verwendet man Peddigrohrkörbe. Sie hinterlassen ein schneckenartiges Muster auf der Brotoberfläche. Es gibt sie oval oder rund in verschiedenen Größen im Fachhandel zu kaufen.

Freigeschobene Steinofenbrote schmecken wie vom Bäcker, wenn Sie sie auf einem Backstein aus feuerfestem Ton (Schamotte) backen. Der vorgeheizte Stein speichert die Hitze dauerhaft, überträgt sie sofort und gleichmäßig auf die Unterseite des Brotes. So wird es schön knusprig. Schamottsteine werden auf dem Rost ganz unten in den Backofen geschoben.

Unbehandelte Schamottsteine können Sie sich z. B. bei einem Ofensetzer (siehe „Gelbe Seiten") passend für Ihren Herd zuschneiden lassen. Im Küchen-Fachhandel gibt es von einem Backofen-Hersteller einen Backstein mit pflegeleichter Glasur.

Brotbackautomaten

Wer gern selbst gebackenes Brot isst, aber weder Zeit noch Muße für Handarbeit hat, ist mit einem Brotbackautomaten gut beraten. Die Geräte sind die „Heinzelmännchen" unserer Tage. Im Gehäuse sitzt eine beschichtete Backform mit Knethaken.

Sie müssen nur die Zutaten in der angegebenen Reihenfolge einfüllen und das gewünschte Programm (z. B. für Weiß- oder Vollkornbrot) einschalten. Dann knetet das Gerät den Teig – mit Timer auch über Nacht, lässt ihn aufgehen und ausbacken. Brotbackautomaten gibt es für kleine (500 g) und große Brote (bis 1500 g) mit unterschiedlichen Backprogrammen. Am besten lassen Sie sich im Fachgeschäft beraten, welches Modell für Ihre Bedürfnisse das richtige ist.

Ein Wort zum Backofen

Ob elektrisch oder mit Gas beheizt, Brotbacken können Sie in jedem Backofen. Bei modernen Geräten haben Sie häufig die Wahl zwischen den Betriebsarten Ober-/Unterhitze und Heiß- bzw. Umluft. Die Hersteller geben in der Betriebsanleitung jeweils an, welches System sich bei ihrem Gerät am besten zum Brotbacken eignet und welche Backtemperatur für die verschiedenen Teigarten optimal ist. Daran sollten Sie sich auch halten. Die von uns in den Rezepten angegebenen Temperaturen und Backzeiten sind nur Richtwerte, denn nicht jeder Backofen reagiert exakt auf die eingestellte Gradzahl. Werfen Sie daher schon vor Ende der angegebenen Garzeit einen Blick auf Ihr Brot.

So bleibt Brot lange frisch

Grundsätzlich bleibt Roggenbrot länger frisch als Weizenbrot, da es Säure und mehr Feuchtigkeit enthält. Am besten bewahren Sie Brot trocken, luftig und nicht zu warm auf. Gut geeignet sind z. B. Brottöpfe aus Steingut oder Ton. Sie nehmen überschüssige Feuchtigkeit auf und geben sie bei Bedarf wieder ab. Legen Sie den Laib unverpackt mit der Schnittfläche nach unten in den Topf. Wichtig: Alle 2 bis 3 Tage Krümel entfernen, alle 1 bis 2 Wochen mit heißem Essigwasser auswaschen. So beugen Sie Schimmel vor.

KAPITEL 2

Feine Weizenbrote

Ob nun zu einem ausgiebigen Frühstück oder als Krönung einer Vesper: Selbst gebackene Weizenbrote nach Großmutters Rezepten finden bei Groß und Klein immer ihre Abnehmer.

Sonnenblumenbrot

Zubereitung: ca. 30 Min.
Ruhezeit: ca. 1 3/4 Stunden
Backzeit: ca. 1 Stunde

Pro Scheibe
ca. 160 kcal/670 kJ

E 6 g, F 2 g, KH 28 g

ZUTATEN FÜR 1 BROT A CA. 30 SCHEIBEN:

1 1/2 WÜRFEL (63 G) FRISCHE HEFE
1 TL ZUCKER ODER HONIG
CA. 750 ML LAUWARMES WASSER
1 KG DUNKLES WEIZENMEHL TYPE 1050
250 G ROGGEN-VOLLKORNMEHL
100 G SONNENBLUMENKERNE
2 TL GEMAHLENE BROTGEWÜRZE
(ANIS, KORIANDER, FENCHEL, KÜMMEL)
5 GESTR. TL MEERSALZ
MEHL FÜR DIE ARBEITSFLÄCHE
ETWAS SONNENBLUMENÖL FÜR DIE FORM

1. Die Hefe zerbröckeln und zusammen mit Zucker oder Honig in 100 ml lauwarmem Wasser auflösen. Das Mehl zusammen mit etwa 85 g Sonnenblumenkernen und den Brotgewürzen in eine Schüssel geben. Die aufgelöste Hefe zur Mehlmischung geben und darunter kneten. Salz in 100 ml lauwarmem Wasser auflösen und zufügen. Unter Zugabe des restlichen Wassers alles zu einem geschmeidigen Teig verarbeiten. Schüssel mit einem sauberen Tuch zudecken und den Teig etwa 1 Stunde an einem warmen Ort gehen lassen.

2. Den Teig auf einer leicht bemehlten Arbeitsfläche noch etwa 5 Minuten kräftig durchkneten. Dann in einer mit Öl gefetteten Kastenform (35 cm lang) gleichmäßig verteilen. Die restlichen Sonnenblumenkerne darüber streuen und leicht andrücken. Zugedeckt etwa 45 Minuten gehen lassen.

3. Eine mit Wasser gefüllte feuerfeste Schale auf den Backofenboden stellen. Den Backofen vorheizen (E-Herd: 220 °C/Umluft: 190 °C/Gas: Stufe 4). Teigling auf der mittleren Schiene 10 Minuten backen. Dann die Temperatur auf 200 °C (Umluft: 170 °C/Gas: Stufe 3) reduzieren und das Brot etwa 50 Minuten weiterbacken.

4. Die Form aus dem Backofen nehmen und abkühlen lassen. Anschließend das Brot auf ein Kuchengitter stürzen und mit einem Tuch zugedeckt abkühlen lassen.

Weizenkruste mit Koriander

Zubereitung: ca. 20 Min.
Ruhezeit: ca. 1 1/2 Stunden
Backzeit: ca. 40 Minuten

Pro Scheibe
ca. 140 kcal / 590 kJ

E 4 g, F 4 g, KH 22 g

Zutaten für 1 Brot à ca. 15 Scheiben:

1 Päckchen Trockenbackhefe
1 EL brauner Zucker
ca. 1/2 l lauwarmes Wasser
500 g Weizenschrot Type 1700
3 gestr. TL Vollmeersalz (Reformhaus)
1 TL gemahlener Koriander
5 EL weiche Butter
Mehl für die Arbeitsfläche
Backpapier

1. Die Trockenbackhefe und den braunen Zucker mit ca. 100 ml des lauwarmen Wassers verrühren. Den Ansatz zugedeckt an einem warmen Ort etwa 15 Minuten gehen lassen. Wenn Sie 1 TL Honig oder etwas Zucker als Nahrung für die Hefe hinzugeben, wird das Aufgehen beschleunigt.

2. Weizenschrot, Salz und Koriander mischen. Den Hefeansatz und 1 EL Butter in Flöckchen dazugeben und alles verrühren. So lange schlagen, bis sich der Teig als Kloß vom Schüsselrand löst. Auf einer leicht bemehlten Arbeitsfläche zur Kugel formen und wieder in die bemehlte Schüssel geben. Nochmals zugedeckt an einem warmen Ort etwa 40–50 Minuten gehen lassen.

3. Die restliche Butter schmelzen. Den Teig nochmals gut durchkneten und zu einem runden Laib formen. Auf ein mit Backpapier ausgelegtes Backblech legen. Mit der lauwarmen Butter bestreichen und die Oberfläche rautenförmig einschneiden. Den Laib anschließend noch einmal 30 Minuten gehen lassen.

Großmutters Tipp:

Die ideale Temperatur zum Gehen ist 25–37 °C. Sie können den Teig z. B. in die Nähe der Heizung stellen oder den Backofen auf 40 °C heizen. Ist die niedrigeste Stufe 50 °C, Backofentür mit einem eingeklemmten Tuch geöffnet halten. Hefe darf nicht wärmer als 40 °C werden, sonst treibt sie nicht mehr.

4. Den Teigling im vorgeheizten Backofen (E-Herd: 220 °C/ Umluft: 190 °C/Gas: Stufe 4) auf der mittleren Schiene etwa 40 Minuten backen. Das Brot herausnehmen und auf einem Kuchengitter auskühlen lassen. Wenn Sie das Brot, unmittelbar nachdem Sie es aus dem Ofen geholt haben, mit leicht gesüßter Milch bestreichen, bekommt seine Oberfläche einen seidigen Glanz.

Stangenweißbrot mit Haferflocken

Zubereitung: ca. 30 Min.
Ruhezeit: ca. 1 ¼ Stunden
Backzeit: ca. 25 Minuten

Pro Scheibe
ca. 100 kcal / 420 kJ

E 3 g, F 2 g, KH 16 g

ZUTATEN FÜR 3 BROTE A CA. 15 SCHEIBEN:

750 G WEIZENMEHL TYPE 405 ODER TYPE 1050
1 WÜRFEL (42 G) FRISCHE HEFE
1 TL ZUCKER
½ L LAUWARME MILCH
250 G KERNIGE HAFERFLOCKEN
4 TL SALZ
60 G WEICHE BUTTER
1 EI (GR. M)
MEHL FÜR DIE ARBEITSFLÄCHE
FETT FÜRS BACKBLECH; ETWAS MILCH ZUM BESTREICHEN

1. Das Mehl in eine Schüssel geben und in die Mitte eine Mulde drücken. Die Hefe zerbröckeln und mit dem Zucker in der Milch auflösen. Die Hefemilch in die Vertiefung gießen. Vom Rand her mit ca. ⅔ des Mehls zu einem dickflüssigen Vorteig verrühren. Mit dem restlichen Mehl und den Haferflocken bedecken. Das Salz an den Schüsselrand streuen. Den Vorteig zugedeckt an einem warmen Ort etwa 30 Minuten gehen lassen.

2. Die Butter in Flöckchen und das Ei zum Vorteig geben, alles gut verkneten. Den Teig nochmals zugedeckt an einem warmen Ort etwa 30 Minuten gehen lassen.

3. Den Teig auf einer leicht bemehlten Arbeitsfläche in 3 Stücke teilen und daraus Kugeln formen. Jede kräftig durchkneten und

zu je einer langen Stange (ca. 30 cm) formen. Auf ein gefettetes Backblech legen, mit Milch bestreichen und erneut zugedeckt 15 Minuten an einem warmen Ort gehen lassen.

Großmutters Tipp:

Bevor Sie mit der Teigzubereitung beginnen, sollten alle Zutaten fertig abgemessen sein und Raumtemperatur haben. In Ihrer „Backstube" sollte es auch nicht zu kühl sein.

4. Eine mit Wasser gefüllte feuerfeste Schale auf den Backofenboden stellen. Den Backofen vorheizen (E-Herd: 220 °C/ Umluft: 190 °C/Gas: Stufe 4). Jedes Brot mit 8 bis 10 etwa 1 cm tiefen Querschnitten versehen. Ein weiteres Mal leicht mit Milch bestreichen. Im vorgeheizten Backofen auf der mittleren Schiene etwa 25 Minuten backen. Brotstangen herausnehmen und auf einem Kuchengitter auskühlen lassen.

Bremer Klaben

Zubereitung: ca. 45 Min.
Wartezeit: ca. 12 Stunden
Ruhezeit: ca. 1 1/2 Stunden
Backzeit: ca. 1 Stunde

Pro Scheibe
ca. 260 kcal / 1090 kJ

E 4 g, F 10 g, KH 36 g

ZUTATEN FÜR 2 KLABEN A CA. 20 SCHEIBEN:

700 G SULTANINEN
80 G FEIN GEWÜRFELTES ZITRONAT
40 G FEIN GEWÜRFELTES ORANGEAT
60 G GEHACKTE MANDELN
3 CL RUM; 1 UNBEHANDELTE ZITRONE
300 ML MILCH
2 WÜRFEL (À 42 G) FRISCHE HEFE; 80 G ZUCKER
1 KG WEIZENMEHL TYPE 550
400 G WEICHE BUTTER, 1/2 TL SALZ
1/2 TL GEMAHLENER KARDAMOM
MEHL FÜR DIE ARBEITSFLÄCHE
2–3 EL BUTTER FÜR DIE FORM
80 G PUDERZUCKER ZUM BESTÄUBEN

1. Am Vorabend vor dem Backbeginn die Sultaninen waschen und gut abtropfen lassen. Dann die Sultaninen, Zitronat, Orangeat und Mandeln in einer Porzellanschüssel vermengen, mit dem Rum beträufeln und mit einem Teller gut abdecken.

Großmutters Tipp:

Testen Sie ca. 5 Minuten vor Ende der Backzeit, ob die Klaben gar sind. Dazu mit einem Holzstäbchen mehrmals in die Laibe stechen. Bleiben keine Teigreste daran kleben, sind die Klaben durchgebacken.

2. Am nächsten Morgen die Zitrone waschen, trockenreiben und die Schale abraspeln. Die Frucht auspressen. Milch lauwarm erhitzen und die zerbröckelte Hefe und 1 TL Zucker darin auflösen. 250 g Mehl in eine Schüssel geben. Jetzt die Hefemilch zufügen und zum Vorteig verrühren. Diesen zugedeckt an einem warmen Ort etwa 30 Minuten gehen lassen.

3. Dann das restliche Mehl, den Rest Zucker, die Butter in Flöckchen, Salz, Zitronensaft und -schale sowie Kardamom zufügen und alles mit den Knethaken zu einem Teig verarbeiten. So lange durchkneten, bis er sich als Kloß vom Schüsselrand löst. Nun die eingeweichten Trockenfrüchte darunter arbeiten. Teig auf einer leicht bemehlten Arbeitsfläche nochmals durchkneten, zur Kugel formen und in zwei gefettete Kastenformen (25 cm lang) verteilen. Den Teig zugedeckt etwa 1 Stunde an einem warmen Ort gehen lassen.

4. Die Klaben im vorgeheizten Backofen (E-Herd: 180 °C/ Umluft: 150 °C/Gas: Stufe 2) auf der untersten Schiene etwa 1 Stunde backen. Die Klaben auf einen Kuchenrost stürzen und abkühlen lassen. Noch lauwarm mit dem Puderzucker bestäuben.

Klassisches Weißbrot

Für die Zubereitung im Brotbackautomaten

Pro Scheibe ca. 140 kcal / 590 kJ

E 5 g, F 0 g, KH 30 g

ZUTATEN FÜR 1 BROT A CA. 12 SCHEIBEN:

350 ML WASSER
1 TL SALZ; 1 TL ZUCKER
150 G HARTWEIZENGRIESS
350 G WEIZENMEHL TYPE 550
3/4 PACKUNG (A 7 G) TROCKENBACKHEFE
EVTL. 1 EL MOHN

1. Wird sofort gebacken, sollten alle Zutaten Zimmertemperatur haben, bei Zeitvorwahl müssen sie kalt sein. Wasser in den Backbehälter gießen, Salz und Zucker verteilen. Dann Grieß und Mehl einfüllen und die Trockenbackhefe darüber streuen.

2. Gerät schließen und programmieren: „Weißbrot", Größe „Stufe II" für ein Brotgewicht von ca. 1000–1200 g (unbedingt das Programm für größere Brote wählen), Bräunung „mittel". Das Gerät nun starten.

3. Nach dem letzten Knetgang das Gerät öffnen und die Teigoberseite mit einem in warmes Wasser getauchten Messer längs einschneiden. Mit etwas Wasser bestreichen und nach Belieben mit 1 EL Mohn bestreuen. Gerät wieder schließen.

4. Das fertige Brot auf ein Kuchengitter stürzen, Knethaken entfernen und das Brot auskühlen lassen.

Großmutters Tipp:

Bitte beachten Sie in jedem Fall die Mengenangaben und die Anwendungshinweise des Herstellers Ihres Brotbackautomaten. Beides finden Sie in der Gebrauchsanleitung!

Nach Großmutters Art

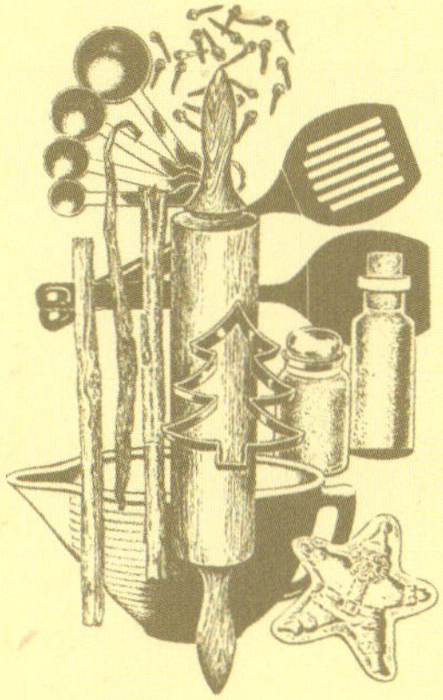

1. 500 g Weizenmehl Type 550 und 1 geh. TL Salz in einer Schüssel mischen. In die Mitte eine Mulde drücken. 1 Würfel Hefe (42 g) in 300 ml lauwarmem Wasser auflösen, in die Vertiefung gießen. 1 EL weiche Butter oder Margarine auf den Mehlrand geben, alles mit den Knethaken des Handrührgerätes verkneten. Schüssel bemehlen und Teig darin zugedeckt 20 Minuten an einem warmen Ort gehen lassen.

2. Teig kurz durchkneten und in eine gefettete Kastenform (25 cm lang) füllen. Erneut 40–45 Minuten gehen lassen.

3. Teigoberfläche längs ca. 1 cm tief einschneiden und mit Wasser bestreichen. Im vorgeheizten Backofen (E-Herd: 225 °C/ Umluft: 190 °C/Gas: Stufe 4) etwa 40 Minuten backen. Brot kurz in der Form ruhen lassen, dann auf ein Kuchengitter stürzen und auskühlen lassen.

Sesambrot

Zubereitung: ca. 20 Min.
Ruhezeit: ca. 45 Minuten
Backzeit: ca. 40 Minuten

Pro Scheibe
ca. 130 kcal / 540 kJ

E 5 g, F 1 g, KH 24 g

ZUTATEN FÜR 1 BROT A CA. 15 SCHEIBEN:

1 PÄCKCHEN TROCKENBACKHEFE
1 TL BRAUNER ZUCKER
300–400 ML LAUWARME BUTTERMILCH
500 G DUNKLES WEIZENMEHL TYPE 1050; 3 EL SESAMSAAT
2 GESTR. TL VOLLMEERSALZ (REFORMHAUS)
MEHL FÜR DIE ARBEITSFLÄCHE; FETT FÜR DIE FORM
2 EL MILCH; 1 EL SESAM ZUM BESTREUEN

1. Die Trockenbackhefe und den Zucker mit etwa 100 ml lauwarmer Buttermilch verrühren. Den Ansatz zugedeckt an einem warmen Ort etwa 15 Minuten gehen lassen.

2. Mehl, Sesam und Salz in einer Schüssel mischen. Die aufgelöste Hefe und die restliche lauwarme Buttermilch zufügen. Alles gut verkneten, bis sich der Teig als Kloß vom Schüsselrand löst. Auf einer leicht bemehlten Arbeitsfläche zur Kugel formen, in die Schüssel zurücklegen und zugedeckt an einem warmen Ort etwa 30 Minuten gehen lassen.

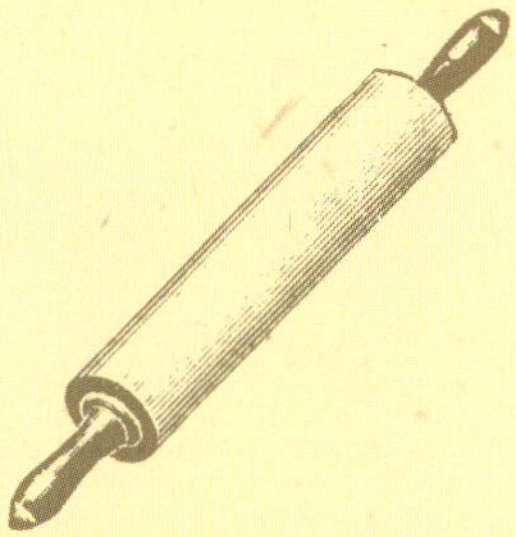

3. Den Teig nochmals gut durcharbeiten. Eine Kastenform (25 cm lang) einfetten. Teig in der Form verteilen, mehrmals schräg 1 cm tief einschneiden, mit Milch bestreichen und mit 1 EL Sesam bestreuen. Im vorgeheizten Backofen (E-Herd: 200 °C/Umluft: 170 °C/Gas: Stufe 3) etwa 40 Minuten goldbraun backen. Das Brot herausnehmen und kurz in der Form ruhen lassen, dann auf ein Kuchengitter stürzen.

KAPITEL 3

Leckere Roggenbrote

Wenn es bei den Mahlzeiten etwas deftiger und zünftiger zugeht, dann darf eines der himmlisch schmeckenden selbst gebackenen Roggenbrote auf keinen Fall fehlen.

Aretsrieder Laib

Zubereitung: ca. 25 Min.
Ruhezeit: 70–90 Minuten
Backzeit: ca. 1 Stunde

Pro Scheibe
ca. 120 kcal / 500 kJ

E 4 g, F 1 g, KH 24 g

Zutaten für 1 Brot a ca. 20 Scheiben:

250 g Roggen- und 250 g Weizen-Vollkornmehl
3 TL Salz
1 TL gemahlener Kümmel
1 TL gemahlener Koriander
250 g Sauerteig, selbst angesetzt (s. Seite 41) oder fertig gekauft
1/2 Würfel (21 g) frische Hefe
350 g lauwarme reine Buttermilch
Mehl für Arbeitsfläche und Schüssel

1. Mehle, Salz und Gewürze in einer Rührschüssel mischen und in die Mitte eine Mulde drücken. In diese Vertiefung den Sauerteig, die zerbröckelte Hefe und die lauwarme Buttermilch geben. Alles von der Mitte her mit den Knethaken des Handrührgerätes verkneten, bis sich der Teig als Kloß vom Schüsselrand löst.

2. Dann den Teig auf einer leicht bemehlten Arbeitsfläche mit den Händen ca. 5 Minuten kräftig durcharbeiten. Zur Kugel formen und in die leicht bemehlte Schüssel legen. Den Teig nun zugedeckt an einem warmen Ort etwa 30–40 Minuten gehen lassen.

Großmutters Tipp:

Ob das Brot gar ist, kann man hören. Mit den Fingerknöcheln gegen die Unterseite des Laibes klopfen. Klingt es hohl, ist das Brot fertig ausgebacken Wenn es noch nicht gar ist, mit etwas Wasser bestreichen und noch einmal kurz in den Ofen schieben.

3. Den Teig anschließend auf einer leicht bemehlten Arbeitsfläche nochmals durchkneten und zugedeckt weitere 10 Minuten gehen lassen.

4. Aus dem Teig einen runden Laib formen und in einen gut bemehlten Peddigrohrkorb legen. Nochmals 30–40 Minuten zugedeckt an einem warmen Ort gehen lassen.

5. Eine mit Wasser gefüllte feuerfeste Schale auf den Backofenboden setzen, Backblech auf der mittleren Schiene einsetzen und den Ofen vorheizen (E-Herd: 240 °C/Umluft: 200 °C/Gas: Stufe 5). Teigling aus dem Korb auf das heiße Blech stürzen und etwa 20 Minuten backen. Backofentüre in dieser Zeit nicht öffnen. Dann die Temperatur reduzieren (E-Herd: 210 °C/ Umluft: 180 °C/Gas: Stufe 4) und das Brot weitere 35 bis 40 Minuten backen. Herausnehmen und auf einem Kuchengitter auskühlen lassen.

Roggenbrot mit Kreuzkümmel

Zubereitung: ca. 20 Min.
Ruhezeit: ca. 1 Stunde
Backzeit: ca. 1 Stunde

Pro Scheibe
ca. 100 kcal / 420 kJ

E 3 g, F 1 g, KH 20 g

ZUTATEN FÜR 1 BROT A CA. 25 SCHEIBEN:

400 G ROGGENMEHL TYPE 997
140 G WEIZEN-VOLLKORNMEHL
150 G ROGGENSCHROT; 1 PÄCKCHEN TROCKENBACKHEFE
450 ML LAUWARMES WASSER; 150 G NATUR-SAUERTEIG
2 TL SALZ; 1 TL ZUCKER
1 TL GEMAHLENER KORIANDER; 1 TL KREUZKÜMMEL
CA. 1 EL ROGGENSCHROT ZUM BESTREUEN
40 G GESCHÄLTER SESAMSAMEN
MEHL FÜR DIE ARBEITSFLÄCHE UND FÜR DAS BACKBLECH

1. Mehle mit Roggenschrot und Hefe mischen. Lauwarmes Wasser, Sauerteig, Salz, Zucker und Gewürze zugeben. Alles mit den Knethaken des Handrührgerätes zu einem glatten Teig verkneten. Zu einer Kugel formen, mit Mehl bestäuben und zugedeckt an einem warmen Ort 45 Minuten gehen lassen.

2. Den Teig auf einer bemehlten Arbeitsfläche kräftig durchkneten. Einen Formring auf ein bemehltes Backblech setzen. Teig hineinlegen und noch einmal etwa 15 Minuten zugedeckt an einem warmen Ort gehen lassen.

3. Teigoberfläche mehrmals schräg einschneiden und mit Wasser bestreichen. Mit etwas Roggenschrot und Sesam bestreuen. Im vorgeheizten Backofen (E-Herd: 180 °C/ Umluft: 150 °C/Gas Stufe 2) auf der mittleren Schiene ca. 1 Stunde backen. Brot herausnehmen und auskühlen lassen.

Kürbiskernbrot

Zutaten für 1 Brot à ca. 25 Scheiben:

380 g Roggenmehl Type 1370 oder Type 1150
380 g Weizenmehl Type 1050; 20 g Meersalz
2 Päckchen Trockenbackhefe
2 TL Honig; 500 ml lauwarmes Wasser
1 Packung (150 g) Natur-Sauerteig (Reformhaus)
Mehl zum Bestäuben; 150 g Kürbiskerne

Zubereitung: ca. 20 Min.
Ruhezeit: ca. 50 Minuten
Backzeit: ca. 65 Minuten

Pro Scheibe
ca. 160 kcal / 670 kJ

E 6 g, F 4 g, KH 23 g

1. Roggen- , Weizenmehl und Salz in einer Rührschüssel mischen. In die Mitte eine Mulde drücken, Hefe und Honig in die Vertiefung geben. Mit 100 ml lauwarmem Wasser und etwas Mehl zu einem Brei verrühren. Zugedeckt 15 Minuten gehen lassen.

2. Den Sauerteig im Beutel gut durchkneten, zum Vorteig geben. Restliches Wasser zufügen und alles mit dem Handrührgerät durchkneten, bis sich der Teig vom Schüsselrand löst. Zur Kugel formen, mit Mehl bestäuben und weitere 15 Minuten gehen lassen. Den Teig erneut gut durchkneten, dabei die Kürbiskerne einarbeiten. Zum Brotlaib formen, auf ein bemehltes Backblech legen und wieder 20 Minuten gehen lassen.

3. Den Laib im vorgeheizten Backofen (E-Herd: 220 °C/Umluft: 190 °C/Gas: Stufe 4) auf der mittleren Schiene 15 Minuten vorbacken. Temperatur reduzieren (E-Herd: 180 °C/ Umluft: 150 °C/Gas: Stufe 2) und das Brot weitere 45 Minuten backen. Den Laib kurz herausnehmen, mit Wasser bestreichen und nochmals für 5 Minuten in den Ofen schieben.

Gewürzbrot

Zubereitung: ca. 30 Min.
Ruhezeit: ca. 70 Minuten
Backzeit: ca. 1 Stunde

Pro Scheibe
ca. 120 kcal / 500 kJ

E 4 g, F 1 g, KH 24 g

Zutaten für 2 Brote a ca. 12 Scheiben:

- 400 g dunkles Roggenmehl Type 1150
- 350 g Weizenmehl Type 550
- 4 gestr. TL Meersalz
- 2 Päckchen Trockenbackhefe
- 2 TL Honig
- 480 ml lauwarmes Wasser
- 1 Packung (150 g) Natur-Sauerteig (Reformhaus)
- 3 EL Brotgewürz
- Mehl für die Arbeitsfläche und das Backblech

Großmutters Tipp:

Ist Ihr Brotteig zu weich oder zu fest? Mehl hat je nach Sorte, Erntejahr und Anbaugebiet unterschiedliche Quelleigenschaften. Abgelagertes Mehl braucht auch weniger, frisch geschrotetes mehr Flüssigkeit. Geben Sie dann je nach Konsistenz des Teiges einfach etwas Mehl oder Flüssigkeit dazu.

1. Mehle und Salz in einer Rührschüssel mischen und in die Mitte eine Mulde drücken. Die Hefe und den Honig im lauwarmen Wasser auflösen, in die Vertiefung gießen und mit etwas Mehl vom Rand zu einem dickflüssigen Brei verrühren. Diesen Teig zugedeckt an einem warmen Ort etwa 20 Minuten gehen lassen.

2. In der Zwischenzeit den Sauerteig im Beutel kräftig durchkneten. Packung aufschneiden und den Sauerteig zum Vorteig geben. Alles gut mit den Knethaken des Handrührgerätes durchkneten, bis sich der Teig als Kloß vom Schüsselrand löst. Etwas bemehlen und den Teig zugedeckt an einem warmen Ort etwa 20 Minuten gehen lassen.

3. Anschließend das Brotgewürz in den Teig kneten. Zwei runde Brote daraus formen und auf ein bemehltes Backblech legen. An einem warmen Ort gehen lassen, bis sich ihr Volumen ungefähr verdoppelt hat (etwa 30 Minuten).

4. Die Teigoberfläche gitterartig einschneiden und mit Wasser bestreichen. Teiglinge im vorgeheizten Backofen (E-Herd: 220 °C/Umluft: 190 °C/Gas: Stufe 4) ca. 15 Minuten vorbacken. Dann die Temperatur reduzieren (E-Herd: 180 °C/Umluft: 150 °C/Gas: Stufe 2) und die Brote noch etwa 45 Minuten backen. Herausnehmen und auf einem Kuchengitter auskühlen lassen.

Joghurtbrot

Für die Zubereitung im Brotbackautomaten

Pro Scheibe ca. 110 kcal / 460 kJ

E 4 g, F 5 g, KH 23 g

ZUTATEN FÜR 1 BROT A CA. 15 SCHEIBEN:

300 G VOLLMILCHJOGHURT; 100 ML VOLLMILCH
2 EL HASEL- ODER WALNUSSÖL
300 G HELLES ROGGENMEHL TYPE 997
150 G DUNKLES WEIZENMEHL TYPE 1050
1 WÜRFEL (42 G) FRISCHE HEFE
1 EL HONIG; 1 GEH. TL SALZ
1 TL GEMAHLENER KÜMMEL
50 G GEHACKTE HASELNUSSKERNE

1. Alle Zutaten bereitstellen, damit sie Zimmertemperatur annehmen. Eine Zeitvorwahl ist hier nicht möglich, da Milchprodukte verwendet werden.

Bitte beachten sie in jedem Fall die Mengenangaben und die Anwendungshinweise des Herstellers Ihres Backautomaten! Beides finden Sie in der Gebrauchsanleitung.

2. Joghurt, Milch und Nussöl in den Brotbackautomaten füllen. Roggen- und Weizenmehl dazugeben und eine Mulde hineindrücken. Zerbröckelte Hefe und Honig in die Vertiefung geben. Salz, Kümmel und gehackte Nüsse an den Rand streuen.

3. Den Backautomaten schließen, auf das Programm „Turbo 2" schalten und kneten lassen. Nach 9 Minuten den Knetvorgang kurz unterbrechen. Dann den Vorgang wie gerade beschrieben wiederholen. Anschließend auf das Programm „Backen", Größe „groß", Bräunung „hell" schalten und das Brot 60 Minuten nachbacken. Brot auf ein Kuchengitter stürzen und langsam auskühlen lassen.

Im Backofen

Nach Großmutters Art

1. Mehle in einer Schüssel mischen, in die Mitte eine Mulde drücken. Hefe und Honig in der lauwarmen Milch auflösen, in die Vertiefung gießen. Mit etwas Mehl vom Rand verrühren. Zugedeckt an einem warmen Ort etwa 30 Minuten gehen lassen. Salz, Kümmel und Nüsse an den Rand streuen, lauwarmen Joghurt und Öl zufügen und glatt verkneten. Sollte der Teig noch zu weich und klebrig sein, etwas Mehl darunter kneten. Zugedeckt nochmals etwa 30 Minuten gehen lassen.

2. Teig in eine gefettete Kastenform (20 cm lang) füllen. Eine mit Wasser gefüllte feuerfeste Schale auf den Backofenboden stellen und den Ofen vorheizen (E-Herd: 240 °C/Umluft: 200 °C/Gas: Stufe 6). Brot etwa 15 Minuten vorbacken. Dann die Schale mit dem Wasser herausnehmen, die Temperatur reduzieren (E-Herd: 200 °C/Umluft: 170 °C/Gas: Stufe 3) und das Brot noch etwa 25 Minuten backen.

Reines Sauerteigbrot (Grundrezept)

Zubereitung: ca. 10 Min.
Ruhezeit: bis zu 6 Stunden
Backzeit: 40–60 Minuten

Pro Scheibe
ca. 90 kcal / 380 kJ

E 3 g, F 0 g, KH 19 g

Zutaten für 1 Brot a ca. 25 Scheiben:

500 ml backfertiger Sauerteig (siehe Seite 41)
200 ml lauwarmes Wasser
ca. 1 TL Salz
500 g Roggenmehl, z. B. Type 1150
Fett für die Form

1. Sauerteig, Wasser, Salz und Mehl mit den Knethaken des Handrührgerätes verkneten, bis sich der Teig vom Schüsselrand löst. In eine gefettete Kastenform (30 cm lang) füllen und zugedeckt an einem warmen Ort gehen lassen, bis sich sein Volumen verdoppelt hat (bis zu 6 Stunden).

2. Im vorgeheizten Backofen (E-Herd: 190 °C/Umluft: 170 °C/ Gas: Stufe 3) auf der mittleren Schiene etwa 40–60 Minuten backen. Das fertige Brot aus dem Ofen nehmen und mit Wasser bestreichen. Stürzen Sie das Brot auf ein Kuchengitter und lassen Sie es auskühlen.

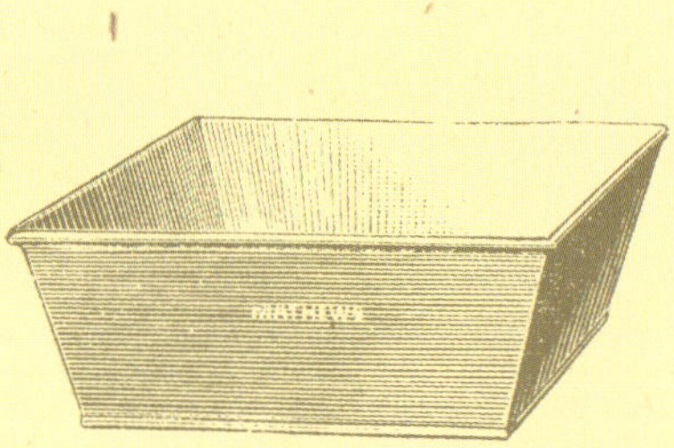

Sauerteig selbst ansetzen

1. Tag: 100 g Roggen-Vollkornmehl (frisch gemahlen), 100 ml Wasser (ca. 30 °C) und evtl. 1 EL Dick- bzw. Buttermilch verrühren. In einem hohen Porzellangefäß oder Glas zugedeckt 24 Stunden bei etwa 30 °C gehen lassen.

2. Tag: 100 g frisches Roggen-Vollkornmehl und 100 ml Wasser (ca. 30 °C) unterrühren und zugedeckt bei etwa 30 °C 24 Stunden gehen lassen.

3. Tag: 100 g frisches Roggen-Vollkornmehl und 100 ml Wasser (ca. 30 °C) unter den Ansatz rühren, 24 Stunden zugedeckt an einem warmen Ort gehen lassen. Dann sollte der Teig locker und mit Luftbläschen durchsetzt sein und angenehm säuerlich duften.

Großmutters Tipp:

Als Startmenge fürs nächste Backen 40–50 g vom Teig abnehmen. Sie hält sich in einem abgedeckten Glas im Kühlschrank einige Tage. Oder den Teigrest mit Mehl zu Krümeln verarbeiten. Kühl und trocken aufbewahrt ist er so mehrere Wochen haltbar.

Zum Aktivieren den Sauerteig in lauwarmem Wasser zu einem dünnflüssigen Brei verrühren. 1/3 des Mehls, das zu Brot verbacken werden soll, in eine Schüssel geben. In die Mitte eine Mulde drücken, Sauerteig hineingießen. Zugedeckt an einem warmen Ort über Nacht stehen lassen. Mit lauwarmem Wasser zu einem dickflüssigen Teig verrühren.

Nochmals zugedeckt an einem warmen Ort etwa 12 Stunden gehen lassen. Jetzt ist der Sauerteig backfertig und kann mit den restlichen Zutaten zum Brotteig verarbeitet werden.

Heidebrot

Zubereitung: ca. 20 Min.
Ruhezeit: ca. 40 Minuten
Backzeit: ca. 1 Stunde

Pro Scheibe
ca. 120 kcal / 500 kJ

E 4 g, F 1 g, KH 22 g

Zutaten für 1 Brot a ca. 20 Scheiben:

400 g dunkles Roggenmehl Type 1150
200 g dunkles Weizenmehl Type 1050
1 Würfel (42 g) frische Hefe; 1 TL Zucker
500 ml lauwarme Buttermilch; 1 EL Salz,
1 EL Essig; 1 EL Zitronensaft
1/2 TL gemahlener Kümmel oder Koriander
Mehl für die Arbeitsfläche und zum Bestäuben
Fett fürs Backblech

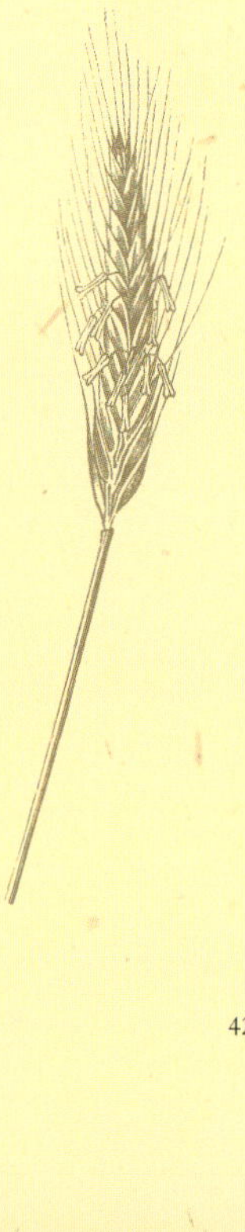

1. Mehle in einer Rührschüssel mischen und in die Mitte eine Mulde drücken. Hefe zerbröckeln und mit dem Zucker in der lauwarmen Buttermilch auflösen. Die Hefemilch in die Vertiefung gießen und die restlichen Zutaten auf dem Mehlrand verteilen. Alles mit den Knethaken etwa 3 Minuten zu einem glatten Teig verarbeiten. Mit etwas Mehl bestäuben und zugedeckt an einem warmen Ort etwa 20 Minuten gehen lassen.

2. Teig nochmals kurz durchkneten. Zur Kugel formen, etwas bemehlen und auf ein gefettetes Backblech legen. Weitere 20 Minuten zugedeckt an einem warmen Ort gehen lassen.

3. Die Teigoberfläche rautenförmig einschneiden, mit Wasser bestreichen. Laib im vorgeheizten Backofen (E-Herd: 250 °C/ Umluft: 200 °C/Gas: Stufe 6) auf mittlerer Schiene 10 Minuten vorbacken. Die Temperatur reduzieren (E-Herd: 200 °C/ Umluft: 170 °C/Gas: Stufe 3), ca. 50 Minuten backen.

KAPITEL 4

Gesunde Vollkornbrote

„Gesundheit mit der Kraft des vollen Korns ...“ versprechen Ihnen diese selbst gebackenen Vollkornbrote. Diese Rezepte begeisterten schon zu Großmutters Zeiten alle, die davon kosteten.

Zwei Vollkorn-Mischbrote

Zubereitung: ca. 20 Min.

ZUTATEN FÜR 2 BROTE:

450 G WEIZEN-VOLLKORNMEHL
450 G ROGGEN-VOLLKORNMEHL
1 WÜRFEL (42 G) FRISCHE HEFE
1 PRISE ZUCKER
700 G MILDER FETTARMER KEFIR (LAUWARM)
4 TL SALZ
50 G WEICHE BUTTER
MEHL ZUM BESTÄUBEN
MEHL FÜR DIE ARBEITSFLÄCHE
75 G WALNUSSKERNHÄLFTEN
FETT FÜR DIE FORM

1. Die Mehle in einer Rührschüssel mischen und in die Mitte eine Mulde drücken. Die Hefe zerbröckeln und mit dem Zucker in dem lauwarmen Kefir auflösen. Mischung in die Vertiefung gießen, Salz und Butter in Flöckchen am Rand verteilen. Alles mit den Knethaken des Handrührgerätes zu einem glatten Teig verkneten, bis dieser sich als Kloß vom Schüsselrand löst. Mit Mehl bestäuben und zugedeckt an einem warmen Ort etwa 30 Minuten gehen lassen, bis sich der Teig sichtbar vergrößert hat.

2. Den Teig auf einer leicht bemehlten Arbeitsfläche nochmals gut durchkneten. Anschließend in zwei Portionen teilen: eine à etwa 1150 g, eine à etwa 560 g.

Dunkler Vollkornlaib

1. Aus dem 1150 g schweren Teigstück auf einer leicht bemehlten Arbeitsfläche einen runden Laib formen. Zugedeckt an einem warmen Ort nochmals 30–40 Minuten gehen lassen.

2. Eine mit Wasser gefüllte feuerfeste Schale auf den Backofenboden stellen, Backblech auf mittlerer Schiene einsetzen. Backofen vorheizen (E-Herd: 250 °C/Umluft: 200 °C/Gas: Stufe 6), Brot auf das heiße Blech setzen und etwa 15 Minuten vorbacken. Die Temperatur reduzieren (E-Herd: 225 °C /Umluft: 190 °C/ Gas: Stufe 5) und nach 10–15 Minuten auf 200 °C (Umluft: 170 °C/Gas: Stufe 3) herunterschalten. Das Brot bei dieser Temperatur etwa 45 Minuten fertig backen. Herausnehmen und auf einem Kuchengitter auskühlen lassen. Ergibt ca. 20 Scheiben.

Ruhezeit: 60–70 Minuten
Backzeit: 70–75 Minuten

Pro Scheibe
ca. 110 kcal / 460 kJ

E 4 g, F 2 g, KH 19 g

Walnussbrot

1. Unter das 560 g schwere Teigstück die Walnusskernhälften kneten. Ein längliches Brot daraus formen und in eine gefettete Kastenform (25 cm lang) legen. Zugedeckt an einem warmen Ort 30–40 Minuten gehen lassen.

2. Eine mit Wasser gefüllte feuerfeste Schale auf den Backofenboden stellen und den Ofen vorheizen (E-Herd: 225 °C/ Umluft: 190 °C/Gas: Stufe 5). Brot auf der mittleren Schiene etwa 20 Minuten vorbacken. Dann die Temperatur reduzieren (E-Herd: 200 °C/Umluft: 170 °C/Gas: Stufe 3) und das Brot weitere 20–25 Minuten backen. Herausnehmen, kurz in der Form abkühlen lassen. Auf ein Kuchengitter stürzen und auskühlen lassen. Ergibt ca. 12 Scheiben.

Ruhezeit: 60–70 Minuten
Backzeit: 40–45 Minuten

Pro Scheibe
ca. 110 kcal / 460 kJ

E 3 g, F 5 g, KH 13 g

7-Körner-Brot

Zubereitung: ca. 30 Min.
Ruhezeit: ca. 1 Stunde
Backzeit: 60–70 Minuten

Pro Scheibe
ca. 160 kcal / 670 kJ

E 6 g, F 5 g, KH 21 g

Zutaten für 1 Brot à ca. 22 Scheiben:

500 g 5-Korn-Mischung (Mehl aus Vollkorn-Weizen, Vollkorn-Roggen, Vollkorn-Gerste, Vollkorn-Hafer, Vollkorn-Hirse zu gleichen Teilen)
75 g gemahlener Buchweizen
75 g Dinkel-Vollkornschrot
100 g Sonnenblumenkerne
1 Würfel (42 g) frische Hefe
1 TL Zucker
375 ml lauwarme Vollmilch; 2 TL Salz
250 ml lauwarmes Wasser
Mehl für die Arbeitsfläche; Fett für die Backform
1 Eigelb zum Bestreichen
je 1 EL Sonnenblumenkerne und Sesam zum Bestreuen

1. Mehle, Schrot und Sonnenblumenkerne in einer Schüssel mischen und in die Mitte eine Mulde drücken. Die Hefe zerbröckeln und zusammen mit dem Zucker in der lauwarmen Milch auflösen. Die Hefemilch in die Vertiefung gießen und das Salz auf den äußeren Rand des Mehls streuen. Alles mit den Knethaken des Handrührgerätes unter Zugabe des lauwarmen Wassers zu einem nicht zu festen Teig verrühren. Zugedeckt an einem warmen Ort etwa 30 Minuten gehen lassen.

2. Den Teig auf einer bemehlten Arbeitsfläche nochmals kräftig durchkneten. Dann in eine gefettete ovale Springform (28 x 24 x 6,5 cm) geben und nochmals zugedeckt an einem warmen Ort etwa 30 Minuten gehen lassen.

3. Das Eigelb mit 1 EL Wasser verrühren und die Teigoberfläche damit bestreichen. Mit je 1 EL Sonnenblumenkernen und Sesam bestreuen. Den Brotteig im vorgeheizten Backofen (E-Herd: 175 °C/Umluft: 150 °C/Gas: Stufe 2) 60–70 Minuten backen. Körnerbrot herausnehmen, 5 Minuten in der Form abkühlen lassen. Dann auf ein Kuchengitter stürzen und auskühlen lassen.

Großmutters Tipp:

Wenn Sie das Brot auf dem Backblech backen möchten, müssen Sie so viel Mehl zufügen, dass der Teig formbar wird. Anschließend bei 200 °C (Umluft: 170 °C/Gas: Stufe 3) 30 Minuten backen. Dann wird das Brot evtl. etwas trockener.

Vollkorntoastbrot mit Leinsamen

Zubereitung: ca. 30 Min.
Ruhezeit: ca. 1 Stunde
Backzeit: ca. 1 Stunde

Pro Scheibe
ca. 110 kcal / 460 kJ

E 3 g, F 4 g, KH 14 g

ZUTATEN FÜR 1 BROT A CA. 25 SCHEIBEN:

250 G WEIZEN-VOLLKORNMEHL
250 G ROGGENMEHL TYPE 997
1 WÜRFEL (42 G) FRISCHE HEFE
1 EL HONIG
100 ML LAUWARMES WASSER
200 ML LAUWARME SAHNE
60 G CREME FRAICHE
60 G LEINSAMEN
2 TL SALZ
10 G LEINSAMEN ZUM BESTREUEN
ETWAS MEHL FÜR DIE ARBEITSFLÄCHE
BACKPAPIER

Großmutters Tipp:

Leinsamen bringt mit Ballast- und Schleimstoffen die Verdauung auf Trab. Wer ihn jedoch nicht braucht oder mag, kann stattdessen auch Sonnenblumenkerne verwenden, die auch die Verdauung fördern. Herzhafter Aufschnitt oder eine Gemüseratatouille sind der passende Belag für dieses dunkle Toastbrot.

1. Die Mehle in einer Rührschüssel mischen und in die Mitte eine Mulde drücken. Die Hefe zerbröckeln, zusammen mit dem Honig in dem lauwarmen Wasser auflösen und alles in die Vertiefung gießen. Mit etwas Mehl vom Rand zu einem dickflüssigen Brei verrühren. Diesen Vorteig zugedeckt an einem warmen Ort etwa 15 Minuten gehen lassen.

2. Sahne, Crème fraîche, 50 g Leinsamen und Salz auf dem Mehlrand verteilen. Alles von der Mitte aus mit den Knethaken des Handrührgerätes

zu einem glatten Teig verkneten. Nochmals zugedeckt an einem warmen Ort etwa 45 Minuten gehen lassen.

3. Eine Kastenform (30 cm lang) mit Backpapier auslegen. Den Teig auf einer leicht bemehlten Arbeitsfläche erneut gut durchkneten und in Kastengröße formen. In den restlichen 10 g Leinsamen wälzen und in die Form legen. Im vorgeheizten Backofen (E-Herd: 170 °C/Umluft: 150 °C/Gas: Stufe 2) auf der mittleren Schiene etwa 1 Stunde backen.

4. Das Vollkorntoastbrot aus dem Ofen nehmen und aus der Form stürzen. Backpapier mit etwas kaltem Wasser bestreichen und abziehen. Brot auf einem Kuchengitter gut auskühlen lassen. Am besten erst am nächsten Tag anschneiden.

Für den Backautomaten

Der Vollkorntoast lässt sich auch in Brotbackautomaten für mindestens 500 g Füllmenge herstellen. Dafür die Zutaten in der vom Hersteller angegebenen Reihenfolge in den Backbehälter geben. Das Programm „schnell" einstellen.

Weizensonne

Zubereitung: ca. 30 Min.
Ruhezeit: ca. 1 Stunde
Backzeit: ca. 50 Minuten

Pro Scheibe
ca. 150 kcal / 630 kJ

E 6 g, F 4 g, KH 22 g

Zutaten für 2 Brote a ca. 12 Scheiben:

- 500 g Weizen-Vollkornmehl
- 250 g Weizenmehl Type 405
- 75 g Weizen- oder Haferkleie
- 1 Würfel (42 g) frische Hefe
- 1 TL Zucker
- 200 ml lauwarmes Wasser; 1 EL Salz
- 250 ml lauwarme Buttermilch
- Mehl für die Arbeitsfläche und fürs Backblech
- 125 g Sonnenblumenkerne
- 125 ml heisse Vollmilch
- etwas Milch zum Bestreichen

1. Mehle und Kleie in einer Rührschüssel mischen und in die Mitte eine Mulde drücken. Hefe zerbröckeln, mit dem Zucker im lauwarmen Wasser auflösen und in die Vertiefung gießen. Mit etwas Mehl vom Rand zu einem dickflüssigen Brei verrühren. Mehl darüber stäuben und den Vorteig zugedeckt etwa 15 Minuten an einem warmen Ort gehen lassen, bis das Mehl Risse bekommt.

Salz, Gewürze und Fett nie direkt auf die Hefe geben, da sie sonst ihre Triebkraft verliert.

2. Das Salz am Schüsselrand verteilen und die lauwarme Buttermilch zum Vorteig gießen. Alles zu einem glatten Teig verarbeiten, bis dieser sich vom Schüsselrand löst. Falls er zu fest ist, etwas lauwarme Flüssigkeit zufügen. Teig auf einer leicht bemehlten Arbeitsfläche kneten und schlagen, bis er im Anschnitt gleichmäßige Bläschen aufweist. Zugedeckt an einem warmen Ort etwa 30 Minuten gehen lassen. Inzwischen 75 g Sonnenblumenkerne mit der heißen Milch übergießen und 30 Minuten quellen lassen.

3. Sonnenblumenkerne abtropfen lassen und unter den Teig kneten. Teig halbieren und zwei runde Laibe daraus formen. Jeweils mit etwas Milch bestreichen und rautenförmig einschneiden. Mit den restlichen Sonnenblumenkernen bestreuen, auf ein mit Mehl bestäubtes Backblech legen und nochmals etwa 15 Minuten gehen lassen.

4. Laibe im vorgeheizten Backofen (E-Herd: 220 °C/Umluft: 190 °C/Gas: Stufe 4) auf der untersten Schiene etwa 20 Minuten backen. Dabei eine mit Wasser gefüllte feuerfeste Schale mit in den Ofen stellen. Dann die Temperatur reduzieren (E-Herd: 180 °C/Umluft: 150 °C/Gas: Stufe 2) und die Brote noch etwa 30 Minuten backen. Herausnehmen und auf einem Kuchengitter auskühlen lassen.

Bauernbrot „Rusticana“

Zubereitung: ca. 30 Min.
Einweichzeit: ca. 12 Stunden
Ruhezeit: ca. 1 1/2 Stunden
Backzeit: ca. 1 Stunde

Pro Scheibe ca. 130 kcal / 540 kJ

E 5 g, F 2 g, KH 23 g

ZUTATEN FÜR 1 BROT À CA. 25 SCHEIBEN:

150 G WEIZENKÖRNER
375 G REINE BUTTERMILCH
250 G ROGGEN-VOLLKORNMEHL
250 G WEIZEN-VOLLKORNMEHL
125 G NATUR-SAUERTEIG
1/2 WÜRFEL (21 G) FRISCHE HEFE
1 1/2 TL SALZ
30 G SONNENBLUMENKERNE
MEHL FÜR DIE ARBEITSFLÄCHE

1. Die Weizenkörner in eine Schüssel geben und mit Wasser bedecken. Über Nacht quellen lassen.

Großmutters Tipp:
Wenn Sie gleich 2 Brote dieser Sorte backen, können Sie den Backofen voll ausnutzen und Energie sparen. Evtl. ein Brot einfrieren oder, wenn Sie bei Freunden eingeladen sind, mitbringen.

2. Die Buttermilch lauwarm erhitzen. Mehle in einer Rührschüssel mischen, in die Mitte eine Mulde drücken und den Sauerteig hineingeben. Die Hefe dazubröckeln. Angewärmte Buttermilch dazugießen, mit der Hefe und dem Sauerteig verrühren. Das Salz auf den Mehlrand streuen. Dann alles von der Mitte aus mit den Knethaken des Handrührgerätes zu einem glatten Teig kneten, bis dieser sich als Kloß vom Schüsselrand löst. Die Sonnenblumenkerne hacken und mit den abgetropften Weizenkörnern darunter kneten. Den Teig zur Kugel formen, mit Mehl bestäuben und zugedeckt an einem warmen Ort etwa 45 Minuten gehen lassen.

3. Den Teig nochmals kurz durchkneten. Ein längliches Brot daraus formen und weitere 45 Minuten zugedeckt an einem warmen Ort gehen lassen.

4. Eine mit Wasser gefüllte feuerfeste Schale auf den Backofenboden stellen und das Backblech auf der mittleren Schiene einsetzen. Den Backofen (E-Herd: 250 °C/Umluft: 200 °C/Gas: Stufe 6) vorheizen. Dann den Laib auf das heiße Blech setzen und 25–30 Minuten backen. Nun die Temperatur reduzieren (E-Herd: 200 °C /Umluft: 170 °C/Gas: Stufe 3) und das Brot noch etwa 30 Minuten weiterbacken. Das fertige Brot aus dem Ofen nehmen und auf einem Kuchengitter auskühlen lassen.

Dinkelschrotbrot mit Buttermilch

Für die Zubereitung im Brotbackautomaten

Pro Scheibe ca. 240 kcal / 1000 kJ

E 11 g, F 5 g, KH 37 g

ZUTATEN FÜR 1 BROT A CA. 12 SCHEIBEN:

470 ML BUTTERMILCH
230 G DINKEL-VOLLKORNMEHL
180 G ROGGEN-VOLLKORNMEHL
180 G GROBER DINKELSCHROT
75 G SONNENBLUMENKERNE
1 TL SALZ
1 TL ZUCKER
3/4 PACKUNG (A 15 G) SAUERTEIG-EXTRAKT
3/4 PACKUNG (A 7 G) TROCKENBACKHEFE

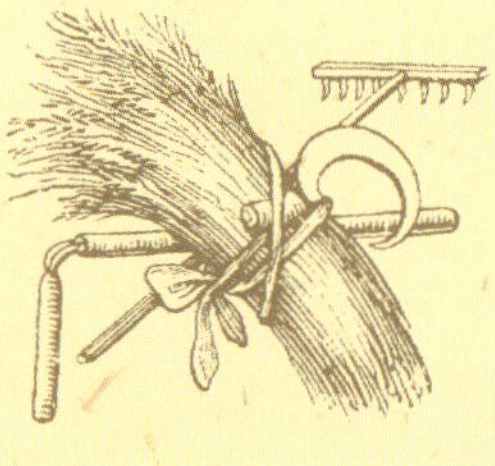

1. Bei diesem Rezept sollten alle Zutaten Zimmertemperatur haben, die Zeitvorwahl kann hier nicht verwendet werden, da mit Milchprodukten gearbeitet wird. Zuerst die Buttermilch in den Backbehälter gießen. Dann Mehle, Schrot und Sonnenblumenkerne einfüllen. Salz, Zucker, Sauerteig-Extrakt und Trockenbackhefe darüber verteilen.

2. Gerät schließen und programmieren: „Vollkorn“, Größe „Stufe II“ für ein Brotgewicht von 1000–1200 g, Bräunung „mittel“. Gerät starten.

3. Das fertige Brot auf ein Kuchengitter stürzen, Knethaken entfernen und Brot auskühlen lassen.

Bitte beachten Sie die Mengenangaben und Anwendungshinweise des Herstellers Ihres Brotbackautomaten!

KAPITEL 5

Ausgefallene Spezialbrote

Zu besonderen Anlässen wusste man auch schon in früheren Zeiten seine Gäste zu verwöhnen. Zahlreiche Rezepte und Variationen mit leckeren Zutaten sorgen zudem für Abwechslung auf dem Speiseplan.

Sirupbrot mit Nüssen

Zubereitung: ca. 20 Min.
Ruhezeit: ca. 1 1/4 Stunden
Backzeit: ca. 1 Stunde

Pro Scheibe
ca. 120 kcal / 500 kJ

E 3 g, F 4 g, KH 17 g

ZUTATEN FÜR 1 BROT A CA. 25 SCHEIBEN:

300 G WEIZENMEHL TYPE 405
200 G DUNKLES ROGGENMEHL TYPE 1150
20 G GETROCKNETER SAUERTEIG; 1 WÜRFEL (42 G) HEFE
1 TL ZUCKER; 300 ML LAUWARMES WASSER; 2 TL SALZ
50 G + 1 EL ZUCKERRÜBENSIRUP
150 G GEMISCHTE NUSSKERNE; FETT FÜR DIE FORM

1. Mehle mit dem Sauerteigpulver in einer Rührschüssel mischen. In die Mitte eine Mulde drücken. Die Hefe zerbröckeln und mit dem Zucker im lauwarmen Wasser auflösen. Das Salz an den Schüsselrand streuen. Die aufgelöste Hefe in die Vertiefung gießen und mit etwas Mehl vom Rand zu einem dickflüssigen Brei verrühren. Zugedeckt an einem warmen Ort 10–15 Minuten gehen lassen, bis sich sein Volumen verdoppelt hat.

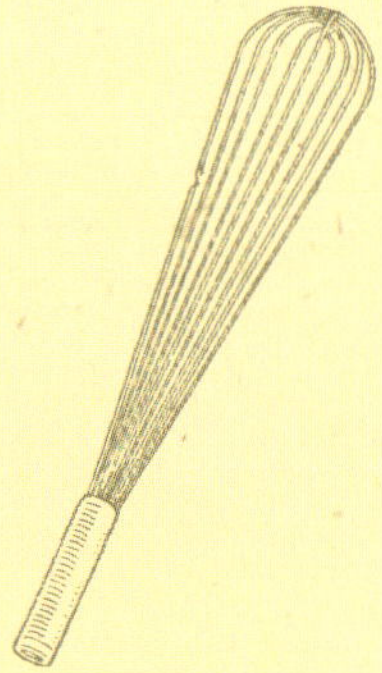

2. 50 g Zuckerrübensirup und Nusskerne zum Vorteig geben, alles zu einem glatten Teig verkneten. Nochmals zugedeckt an einem warmen Ort 30–45 Minuten gehen lassen. Kurz durchkneten und in eine gefettete Brotform (etwa 30 cm lang) legen. Zugedeckt weitere 15 Minuten gehen lassen.

3. Teigling im vorgeheizten Backofen (E-Herd: 180–200 °C/ Umluft: 150–170 °C/Gas: Stufe 2–3) ca. 1 Stunde backen. 1 Esslöffel Zuckerrübensirup erwärmen. Brot herausnehmen, kurz abkühlen lassen und aus der Form stürzen. Noch warm mit dem Zuckerrübensirup glasieren.

Rustikales Haferflockenbrot

Zutaten für 1 Brot à ca. 20 Scheiben:

125 g Magerquark; 1/4 l lauwarme Buttermilch
1 EL Pflanzenöl; 1 TL Jodsalz; 1 TL brauner Zucker
30 g Sonnenblumenkerne
150 g blütenzarte Haferflocken
150 g Weizen-Vollkornmehl
250 g Weizenmehl Type 550
1 Würfel (42 g) frische Hefe
Mehl für die Arbeitsfläche; Fett für die Form
4 EL kernige Haferflocken zum Bestreuen

Zubereitung: ca. 30 Min.
Ruhezeit: ca. 40 Minuten
Backzeit: ca. 45–50 Min.

Pro Scheibe ca. 1
30 kcal / 540 kJ

E 5 g, F 2 g, KH 21 g

1. Magerquark, Buttermilch, Öl, Salz, Zucker, Sonnenblumenkerne, Haferflocken und Mehle in eine Schüssel geben, Hefe auf das Weizenmehl bröckeln. Alles zu einem glatten Teig verkneten. Zugedeckt an einem warmen Ort 30 Minuten gehen lassen.

2. Dann den Teig auf einer leicht bemehlten Arbeitsfläche nochmals mit den Händen durchkneten, in eine gefettete Kasten- oder Brotbackform (etwa 30 cm lang) geben. Zugedeckt weitere 10 Minuten an einem warmen Ort gehen lassen. Teigoberfläche mit einem Messer mehrmals schräg einschneiden, mit Wasser bestreichen und mit den kernigen Haferflocken bestreuen.

3. Teig im vorgeheizten Backofen (E-Herd: 200 °C/Umluft: 170 °C/Gas: Stufe 3) 45–50 Minuten backen. Brot herausnehmen, 5 Minuten in der Form ruhen lassen, dann aus der Form stürzen und auf einem Kuchengitter auskühlen lassen.

Kartoffel-Weizen-Laib

Zubereitung:
ca. 1 1/4 Stunden
Ruhezeit: ca. 1 Stunde
Backzeit: ca. 70 Minuten

Pro Scheibe
ca. 110 kcal / 460 kJ

E 3 g, F 3 g, KH 16 g

ZUTATEN FÜR 1 BROT A CA. 25 SCHEIBEN:

500 G MEHLIG KOCHENDE KARTOFFELN
250 G FEST KOCHENDE KARTOFFELN
3/4 WÜRFEL (CA. 30 G) FRISCHE HEFE
1 GESTR. TL ZUCKER
180 ML LAUWARMES WASSER
500 G WEIZEN-VOLLKORNMEHL
2 ZWEIGE ROSMARIN; 100 G PINIENKERNE
2 TL GROBES MEERSALZ
MEHL FÜR DIE ARBEITSFLÄCHE UND ZUM BESTÄUBEN
GROBES MEERSALZ ZUM BESTREUEN
1 RUNDES PEDDIGROHRKÖRBCHEN

1. Mehlig kochende Kartoffeln waschen und 20 Minuten in Wasser garen. Abgießen, im vorgeheizten Backofen (E-Herd: 140 °C/Umluft: 110 °C/Gas: Stufe 1) 5 Minuten ausdämpfen lassen. Herausnehmen, schälen und auskühlen lassen. Fest kochende Kartoffeln waschen, schälen und grob raspeln.

2. Hefe zerbröckeln und mit dem Zucker in 80 ml lauwarmem Wasser auflösen. Mehl in eine Schüssel geben, in die Mitte eine Mulde drücken und die aufgelöste Hefe hineingießen. Mit etwas Mehl vom Rand zu einem dickflüssigen Brei verrühren. Zugedeckt an einem warmen Ort etwa 10 Minuten gehen lassen.

Großmutters Tipp:

Mit Kartoffeln hat man in schlechten Zeiten das Mehl gestreckt. Aus der Not wurde eine Tugend, denn der Teig wird durch die „tolle Knolle" schön zart. Kartoffelbrot ist zudem auch leicht verdaulich.

3. Rosmarin waschen, Nadeln abzupfen. Gekochte Kartoffeln durchpressen, Kartoffelraspel ausdrücken. Beides zum Vorteig geben. 100 ml lauwarmes Wasser, 80 g Pinienkerne, Rosmarin und Meersalz zugeben. Alles zu einem glatten Teig verkneten. Mit Mehl bestäuben und zugedeckt ca. 40 Minuten gehen lassen.

4. Den Teig auf einer bemehlten Arbeitsfläche gut durchkneten. In ein mit Mehl ausgestreutetes Peddigrohrkörbchen legen, leicht andrücken. Noch 10 Minuten zugedeckt gehen lassen.

5. Laib auf ein bemehltes Backblech stürzen und mit Wasser besprühen (Pumpzerstäuber). Mit 20 g Pinienkernen und grobem Meersalz bestreuen. Im vorgeheizten Backofen (E-Herd: 170 °C/Umluft: 150 °C/Gas: Stufe: 2) auf der mittleren Schiene etwa 70 Minuten backen. Brot herausnehmen und auf einem Gitter auskühlen lassen.

Zwiebelbrot

Zubereitung: ca. 35 Min.
Ruhezeit: ca. 65 Minuten
Backzeit: ca. 45 Minuten

Pro Scheibe
ca. 160 kcal / 670 kJ

E 5 g, F 4 g, KH 26 g

Zutaten für 1 Brot à ca. 15 Scheiben:

350 g Weizenmehl Type 550
200 g Weizen-Vollkornmehl
1 Würfel (42 g) frische Hefe
1–2 TL Zucker
220 ml lauwarmes Wasser
50 g weiche Butter
1 TL getrockneter Dill
2 TL Salz
1 Prise Muskat
1 Ei (Gr. M)
Mehl für die Arbeitsfläche
3 mittelgrosse Zwiebeln
1 EL Öl; 1 EL Sesamkörner zum Bestreuen
Backpapier

1. Die Mehle in einer Rührschüssel mischen und in die Mitte eine Mulde drücken. Die Hefe zerbröckeln und mit dem Zucker in etwa 5 EL des lauwarmen Wassers auflösen. Diese Mischung in die Vertiefung gießen und mit etwas Mehl vom Rand zu einem dickflüssigen Brei verrühren. Den Vorteig zugedeckt an einem warmen Ort etwa 15 Minuten gehen lassen.

2. Butter in Flöckchen, Dill, Salz, Muskat, das Ei und restliches lauwarmes Wasser auf dem Mehlrand verteilen und alles mit den Knethaken des Handrührgerätes durcharbeiten, bis sich der Teig als Kloß vom Schüsselrand löst. Mit den Händen auf einer leicht

bemehlten Arbeitsfläche durchkneten und zugedeckt an einem warmen Ort etwa 30 Minuten gehen lassen.

3. Jetzt die Zwiebeln schälen, fein würfeln und im heißen Öl goldbraun braten. Aus der Pfanne nehmen und erkalten lassen.

4. Den Teig nochmals gut durchkneten, dabei die Zwiebeln einarbeiten. Erneut zugedeckt etwa 20 Minuten an einem warmen Ort gehen lassen.

5. Aus dem Teig ein rundes Brot formen, Oberfläche rautenförmig einschneiden, mit Wasser bestreichen und mit Sesam bestreuen. Laib auf ein mit Backpapier ausgelegtes Backblech legen. Eine mit Wasser gefüllte feuerfeste Schale auf den Backofenboden stellen. Den Teigling im vorgeheizten Backofen (E-Herd: 200 °C/Umluft: 170 °C/Gas: Stufe 3) auf mittlerer Schiene etwa 45 Minuten backen. Zwiebelbrot aus dem Ofen nehmen und auf einem Kuchengitter auskühlen lassen.

Wenn Sie die Zwiebeln nicht frisch braten wollen, können Sie für das Rezept auch ca. 60 g getrocknete Röstzwiebeln verwenden. Bald verzehren, denn Zwiebelbrot schimmelt schnell.

Aus dem Tontopf

Buchweizen-Dinkel-Brot

Zubereitung: ca. 20 Min.
Ruhezeit: 1 1/2–1 3/4 Std.
Backzeit: 35–40 Minuten

Pro Scheibe
ca. 140 kcal / 580 kJ

E 5 g, F 2 g, KH 22 g

Zutaten für 1 Brot a ca. 15 Scheiben:

1/2 Würfel (21 g) frische Hefe
1 TL Zucker
200 ml lauwarmes Wasser
350 g Dinkel-Vollkornmehl
150 g Buchweizen-Vollkornmehl (Reformhaus)
1 TL gemahlener Koriander
1/2 TL gemahlener Anis; 2 TL Salz
150 ml lauwarme Milch
Mehl für die Arbeitsfläche und zum Bestäuben
Öl für die Form; 2 EL Milch zum Bestreichen
1 EL Buchweizenschrot zum Bestreuen

Großmutters Tipp:

Die nötige Wärme zum Gehen bekommt ein Hefeteig besonders dann, wenn Sie ihn in einer Schüssel ins warme Wasserbad oder auf ein niedrig eingestelltes Heizkissen stellen.

1. Die Hefe zerbröckeln und mit dem Zucker im lauwarmen Wasser auflösen. 1 Esslöffel Dinkelmehl darunter rühren. Dann den Vorteig zugedeckt an einem warmen Ort etwa 15 Minuten gehen lassen.

2. Restliches Dinkel- und Buchweizenmehl in einer Rührschüssel mit Koriander, Anis und Salz mischen. In die Mitte eine Mulde drücken. Den Hefeansatz und die lauwarme Milch in die Vertiefung gießen. Alles mit den Knethaken des Handrührgerätes in etwa 5 Minuten zu einem glatten Teig verarbeiten, bis er sich als Kloß vom Schüsselrand löst. Zur Kugel formen und mit etwas Mehl bestäuben. Zugedeckt etwa

40 Minuten an einem warmen Ort gehen lassen, bis sich der Teig sichtbar vergrößert hat.

3. Einen Brotbacktopf aus Ton ca. 10 Minuten wässern. Die Teigkugel auf einer leicht bemehlten Arbeitsfläche nochmals kurz durchkneten und zu einer etwa 24 cm langen Rolle formen. Die gewässerte Tonform innen sorgfältig mit Öl einpinseln. Teig hineinlegen, mit etwas Milch bestreichen und mit Buchweizenschrot bestreuen. Zugedeckt an einem warmen Ort gehen lassen, bis er sich sichtbar vergrößert hat (mindestens 40 Minuten).

4. Brotbacktopf auf dem Rost – unterste Schiene – in die kalte Backröhre schieben. Den Ofen einschalten (E-Herd: 200 °C/ Umluft: 170 °C/Gas: Stufe 3) und das Brot 35–40 Minuten backen. Form herausnehmen, Brot 5 Minuten darin abkühlen lassen. Auf ein Kuchengitter stürzen und auskühlen lassen.

Dattelbrot

Zubereitung: ca. 30 Min.
Ruhezeit: ca. 1 1/2 Stunden
Backzeit: ca. 1 Stunde

Pro Scheibe
ca. 140 kcal / 590 kJ

E 3 g, F 1 g, KH 28 g

ZUTATEN FÜR 2 BROTE A JE CA. 15 SCHEIBEN:

500 G DUNKLES ROGGENMEHL TYPE 1150
1 WÜRFEL (42 G) FRISCHE HEFE
1/2 TL ZUCKER
1/2 L LAUWARMES WASSER; 1 EL SALZ
WEIZENMEHL TYPE 405 FÜR DIE ARBEITSFLÄCHE
500 G GETROCKNETE DATTELN (MIT STEIN GEWOGEN)
250 G KERNIGE HAFERFLOCKEN
BACKPAPIER

1. Das Mehl in eine Rührschüssel geben und in die Mitte eine Mulde drücken. Die Hefe zerbröckeln und mit dem Zucker in etwa 100 ml lauwarmem Wasser auflösen. Die Mischung in die Vertiefung gießen und mit etwas Mehl vom Rand zu einem dickflüssigen Brei verrühren. Diesen Vorteig zugedeckt an einem warmen Ort etwa 30 Minuten gehen lassen.

2. Anschließend das Salz am Schüsselrand verteilen. Mit den Knethaken des Handrührgerätes den Vorteig von der Mitte her unter ständiger Zugabe des restlichen lauwarmen Wassers mit dem Mehl verkneten. Dann den Teig auf einer leicht bemehlten Arbeitsfläche mit den Händen kräftig durcharbeiten. Formen Sie den Teig zur Kugel und lassen Sie ihn nochmals zugedeckt an einem warmen Ort 45–60 Minuten gehen.

3. Inzwischen können Sie die Datteln entkernen und in grobe Stücke schneiden. Diese werden nach der Ruhezeit zusammen mit den kernigen Haferflocken unter den Teig geknetet. Formen Sie aus diesem Teig nun 2 Brotlaibe und legen Sie diese nebeneinander auf ein mit Backpapier ausgelegtes Backblech. Zugedeckt nochmals etwa 15 Minuten an einem warmen Ort gehen lassen.

4. Stellen Sie jetzt eine mit Wasser gefüllte feuerfeste Schale auf den Backofenboden. Die Brote im vorgeheizten Backofen (E-Herd: 180 °C/Umluft: 150 °C/Gas: Stufe 2) auf der unteren Schiene etwa 1 Stunde backen. Dann die Brote aus dem Backofen nehmen und auf einem Kuchengitter gut auskühlen lassen.

Kokos-Rum-Brot

Für die Zubereitung im Brotbackautomaten

Pro Scheibe ca. 220 kcal / 920 kJ

E 6 g, F 8 g, KH 27 g

Zutaten für 1 Brot a ca. 15 Scheiben:

50 ml Vollmilch
4 EL Rum
1 Ei (Gr. M)
250 g Speisequark (20% Fett i. Tr.)
400 g Weizenmehl Type 550
1/2 Würfel (21 g) frische Hefe
150 g Kokosflocken
100 g Zucker
1/2 TL Salz

1. Alle Zutaten rechtzeitig bereitstellen, damit sie Zimmertemperatur annehmen. Milch, Rum, Ei und Speisequark in die Backschale geben. Das Mehl darauf füllen und in die Mitte eine Mulde drücken. Die Hefe in die Vertiefung bröckeln. Kokosflocken, Zucker und Salz am Rand verteilen.

2. Das Gerät schließen und programmieren: „süßes Brot“, Größe „groß“, Bräunung „hell“. Gerät starten.

3. Das fertige Brot auf ein Kuchengitter stürzen, Knethaken entfernen und auskühlen lassen.

Bitte beachten Sie in jedem Fall die Mengenangaben und die Anwendungshinweise des Herstellers Ihres Brotbackautomaten!

KAPITEL 6

Köstliche Brötchen

Sonntagmorgen die Lieben mit selbst gebackenen Brötchen zu verwöhnen – oder eine zünftige Vesper mit krossen und noch warmen Brötchen zu einem Hochgenuss werden lassen: Das alles ist mit den vielseitigen Rezepten aus Großmutters Küche möglich.

Schrotbrötchen

Zubereitung: ca. 20 Min.
Wartezeit: ca. 1 Stunde
Backzeit: ca. 20 Minuten

Pro Stück
ca. 210 kcal / 880 kJ

E 7 g, F 6 g, KH 30 g

ZUTATEN FÜR 12 STÜCK:

500 G FEIN GEMAHLENER WEIZENSCHROT (REFORMHAUS)
1 PÄCKCHEN TROCKENBACKHEFE
1–2 TL MEERSALZ; 1 MSP. ZERSTOSSENER KORIANDER
250–300 ML LAUWARME MILCH
1 TL HONIG; 1 BECHER (150 G) VOLLMILCHJOGHURT
50 G UNGEHÄRTETE PFLANZENMARGARINE
MEHL FÜR DIE ARBEITSFLÄCHE
ETWAS LAUWARME MILCH ZUM BESTREICHEN
2–3 EL GROBER WEIZENSCHROT (REFORMHAUS)
FETT FÜRS BACKBLECH

1. Fein gemahlenen Weizenschrot mit der Trockenbackhefe, Salz und Koriander in einer Rührschüssel mischen. Die lauwarme Milch und den Honig verrühren. Mit dem Joghurt und der Pflanzenmargarine in Flöckchen zur Mehlmischung geben. Alles mit dem Handrührgerät zu einem geschmeidigen Teig verkneten. Zugedeckt etwa 30 Minuten gehen lassen.

2. Den Teig auf einer leicht bemehlten Arbeitsfläche mit den Händen nochmals kräftig durchkneten. Dann zu einem etwa 1,5 cm dicken Rechteck ausrollen. Die Teigoberseite mit der lauwarmen Milch bestreichen und mit dem groben Schrot bestreuen. Rechteck mit einem Teigrad in etwa 12 Quadrate schneiden. (Oder aus dem Teig 12 runde Brötchen formen, sternförmig einschneiden, mit Milch bestreichen und mit Schrot bestreuen). Die Teiglinge auf ein gefettetes Backblech legen. Zugedeckt nochmals etwa 30 Minuten gehen lassen.

3. Die Brötchen im vorgeheizten Backofen (E-Herd: 200 °C/ Umluft: 170 °C/Gas: Stufe 4) auf der mittleren Schiene etwa 20 Minuten backen. Dann aus dem Backofen nehmen und auf einem Kuchengitter abkühlen lassen.

Walnussbrötchen

Aus dem gleichen Teig lässt sich eine gutschmeckende Variante herstellen:
Dazu nach dem 1. Gehen und dem Kneten auf der Arbeitsfläche 125 g Walnusskernbruch (gibt es z. B. im Reformhaus) unter den Teig arbeiten. 12 runde Teiglinge daraus formen und nochmals 30 Minuten an einem warmen Ort gehen lassen. Anschließend wie die „Schrotbrötchen“ backen.

Pro Stück
ca. 270 kcal / 1130 kJ

E 8 g, F 12 g, KH 30 g

Weißbier-Semmeln

Zubereitung: ca. 15 Min.
Backzeit: 25–30 Minuten

Pro Stück
ca. 150 kcal / 630 kJ

E 3 g, F 1 g, KH 32 g

ZUTATEN FÜR 12 STÜCK:

500 G HELLES ROGGENMEHL TYPE 997
$1^1/_2$ TL SALZ
3 TL GANZE KÜMMELKÖRNER
$^1/_2$ PÄCKCHEN BACKPULVER
$^1/_2$ L HEFEWEISSBIER
MEHL FÜR HÄNDE UND ARBEITSFLÄCHE
BACKPAPIER

1. Roggenmehl, Salz, 1 Teelöffel Kümmelkörner und Backpulver mischen. Weißbier darunter rühren, alles zu einem glatten Teig verkneten. Je 1 Esslöffel Teig mit bemehlten Händen zu einer Kugel formen, auf ein mit Backpapier belegtes Backblech legen, kreuzweise einschneiden und mit Kümmel bestreuen.

2. Die Semmeln im vorgeheizten Backofen (E-Herd: 200 °C/ Umluft: 170 °C/Gas: Stufe 3) auf der zweiten Schiene von unten 25–30 Minuten backen. Gebäck aus dem Backofen nehmen und auf einem Kuchengitter abkühlen lassen.

Dinkelbrötchen

Zutaten für 20 Stück:

500 g Dinkelmehl (Reformhaus)
1 Päckchen Trockenbackhefe
1 TL Meersalz
1 TL Honig
300 ml lauwarme Milch
2 EL zerlassene Butter
etwas lauwarme Milch zum Bestreichen

Zubereitung: ca. 20 Min.
Ruhezeit: ca. 70 Minuten
Backzeit: ca. 25 Minuten

Pro Stück
ca. 110 kcal / 460 kJ

E 3 g, F 2 g, KH 19 g

1. Dinkelmehl, Trockenbackhefe und Salz in einer Rührschüssel mischen. Honig und lauwarme Milch verrühren und mit der zerlassenen Butter zum Mehlgemisch geben. Alles mit den Knethaken des Handrührgerätes zu einem geschmeidigen Teig verkneten. Zugedeckt an einem warmen Ort etwa 40 Minuten gehen lassen.

2. Den Teig nochmals gut durchkneten. Dann etwa 20 Brötchen daraus formen und diese zugedeckt an einem warmen Ort weitere 30 Minuten gehen lassen.

3. Die Teiglinge mit lauwarmer Milch bestreichen und im vorgeheizten Backofen (E-Herd: 200 °C/Umluft: 170 °C/Gas: Stufe 3) etwa 25 Minuten backen. Brötchen aus dem Ofen nehmen und auf einem Kuchengitter auskühlen lassen.

Großmutters Tipp:

Die Weißbier-Semmeln sind dann ideal, wenn man es so richtig eilig hat, denn mit Backpulver zubereitete Brötchen müssen nicht gehen, sondern werden sofort abgebacken. Geschmacksvariationen bei den Dinkelbrötchen erhalten Sie, wenn Sie unter den Teig frisch gehackte Kräuter kneten.

Berliner Speckwecken

Zubereitung: ca. 45 Min.
Ruhezeit: ca. 2 Stunden
Backzeit: ca. 30 Minuten

Pro Stück
ca. 290 kcal / 1210 kJ

E 7 g, F 17 g, KH 25 g

Zutaten für ca. 15 Stück:

500 g Weizen-Vollkornmehl
100 g Weizenmehl Type 405
1 Würfel (42 g) frische Hefe; 1/2 TL Zucker
125 ml lauwarme Milch; 175 g Butter
1/2 TL Salz, 2 Eier (Gr. M)
100 g durchwachsener geräucherter Speck
1 TL Koriandersamen; Mehl für die Arbeitsfläche
2 Eigelb zum Bestreichen
1/2 TL grobes Meersalz; Fett fürs Blech

Großmutters Tipp:

Je frischer die Hefe, umso besser gelingt der Teig. Ob Ihre Hefe genug Triebkraft hat, können sie so feststellen: Legen Sie ein Stückchen Hefe in warmes Wasser. Steigt sie sofort hoch, ist sie frisch.

1. Mehle in eine Rührschüssel geben und in die Mitte eine Mulde drücken. Die Hefe zerbröckeln und mit dem Zucker in der Hälfte der Milch auflösen. Die Hefemilch in die Vertiefung gießen und mit etwas Mehl vom Rand zu einem dickflüssigen Brei verrühren. Etwas Mehl darüber stäuben und den Vorteig zugedeckt an einem warmen Ort 15–25 Minuten gehen lassen, bis die Mehlschicht Risse zeigt.

2. Die Butter zerlassen und etwas abkühlen lassen. Mit der restlichen lauwarmen Milch zum Vorteig geben, Salz und Eier zufügen und alles mit den Knethaken des Handrührgerätes zu einem glatten Teig verarbeiten. Zur Kugel formen, mit Mehl bestäuben und zugedeckt an einem warmen Ort 30–60 Minuten gehen lassen, bis sich ihr Volumen ungefähr verdoppelt hat.

3. Den Speck fein würfeln. Koriandersamen zerstoßen. Den Teig auf einer leicht bemehlten Arbeitsfläche noch einmal kräftig mit den Händen durchkneten. Dann etwa 15 Brötchen daraus formen. Die Eigelbe verquirlen und die Teigoberfläche damit bestreichen. Die Speckwürfelchen darauf verteilen und in den Teig drücken, mit gestoßenem Koriander und grobem Meersalz bestreuen. Nochmals an einem warmen Ort etwa 20 Minuten gehen lassen.

4. Die Speckwecken auf ein gefettetes Backblech legen und im vorgeheizten Backofen (E-Herd: 200 °C/Umluft: 170 °C/Gas: Stufe 3) auf der mittleren Schiene etwa 30 Minuten goldbraun backen. Brötchen aus dem Backofen nehmen und auf einem Kuchengitter abkühlen lassen.

Großes Party-Rad

Zubereitung: ca. 20 Min.
Ruhezeit: ca. 1–1 1/2 Std.
Backzeit: 25–30 Minuten

Pro Stück
ca. 140 kcal / 590 kJ

E 5 g, F 2 g, KH 24 g

ZUTATEN FÜR 34 BRÖTCHEN:

700 G WEIZENMEHL TYPE 550
3 PÄCKCHEN TROCKENBACKHEFE
1 TL ZUCKER; 850 ML LAUWARME VOLLMILCH
500 G BLÜTENZARTE HAFERFLOCKEN
1 TL JODSALZ, FETT FÜRS BACKBLECH
ETWAS MILCH ZUM BESTREICHEN
JE CA. 2 EL MOHN, SESAM, KÜMMEL UND KERNIGE HAFERFLOCKEN ZUM BESTREUEN

1. Mehl in eine Schüssel geben, Trockenbackhefe und Zucker darunter mischen. Die lauwarme Milch zugießen und alles zu einem geschmeidigen Teig verrühren. Zugedeckt an einem warmen Ort etwa 30 Minuten gehen lassen.

2. Blütenzarte Haferflocken und Salz zufügen und den Teig nochmals gut durchkneten. Weitere 20–30 Minuten gehen lassen.

3. Aus dem Teig ca. 34 kleine Kugeln formen und auf einem gefetteten Backblech zu einem Rad zusammensetzen. Nochmals zugedeckt 20–30 Minuten an einem warmen Ort gehen lassen.

4. Teiglinge mit Milch bestreichen, mit Mohn, Kümmel, Sesam und kernigen Haferflocken bestreuen. Im vorgeheizten Backofen (E-Herd: 220 °C/Umluft: 200 °C/Gas: Stufe 4) auf mittlerer Schiene 25–30 Minuten backen. Party-Rad aus dem Backofen nehmen und auf einem Kuchengitter abkühlen lassen.

Wer mag, kann das Rezept mit getrockneten Kräutern variieren, z.B. mit Liebstöckel, Basilikum oder Rosmarin. Auch geriebener Käse sorgt für Abwechslung auf der Brötchenoberfläche.

Knusprige Haferbrötchen

Zubereitung: ca. 20 Min.
Ruhezeit: ca. 1 Stunde
Backzeit: 20–25 Minuten

Pro Stück
ca. 240 kcal / 1000 kJ

E 8 g, F 5 g, KH 39 g

ZUTATEN FÜR CA. 15 STÜCK:

200 G BLÜTENZARTE HAFERFLOCKEN
200 G WEIZEN-VOLLKORNMEHL
300 G ROGGEN-VOLLKORNMEHL
1 WÜRFEL (42 G) FRISCHE HEFE
500 ML LAUWARMES WASSER
1 PACKUNG (150 G) NATUR-SAUERTEIG (REFORMHAUS)
1 TL JODSALZ
100 G KÜRBISKERNE
50 G KERNIGE HAFERFLOCKEN ZUM BESTREUEN
FETT FÜRS BACKBLECH

1. Die blütenzarten Haferflocken, Weizen- und Roggenmehl in einer Rührschüssel mischen und in die Mitte eine Mulde drücken. Die Hefe zerbröckeln und in etwa 100 ml des lauwarmen Wassers auflösen. Diese Mischung in die Vertiefung gießen und mit etwas Mehl vom Rand zu einem dickflüssigen Brei verrühren. Den Vorteig zugedeckt an einem warmen Ort etwa 15 Minuten gehen lassen.

2. Den Sauerteig im Beutel kräftig durchkneten, dann die Packung aufschneiden. Den Sauerteig, das Salz und das restliche lauwarme Wasser zum Vorteig geben und alles zu einem glatten Teig verkneten. Zugedeckt an einem warmen Ort etwa 30 Minuten gehen lassen.

3. Anschließend den Teig nochmals kräftig durchkneten und dabei die Kürbiskerne darunter arbeiten. Etwa 15 Brötchen daraus formen. Jedes kreuzförmig einschneiden und mit kernigen Haferflocken bestreuen. Auf ein gefettetes Backblech setzen und abgedeckt weitere 15 Minuten gehen lassen.

Die Kürbiskerne reichern die Brötchen mit wertvollem Eiweiß, Öl und wichtigen Mineralstoffen an und geben ihnen einen kräftigen Geschmack. Die geschälten Kerne werden beim Backen weich und können deshalb unzerkleinert unter den Teig geknetet werden.

4. Brötchen im vorgeheizten Backofen (E-Herd: 220 °C/ Umluft: 200 °C/Gas: Stufe 5) auf der mittleren Schiene etwa 20–25 Minuten backen. Brötchen aus dem Backofen nehmen und auf einem Kuchengitter abkühlen lassen.

Haselnusshörnchen

Zubereitung: ca. 40 Min.
Wartezeit: 1 1/2–2 1/2 Std.
Backzeit: ca. 25 Minuten

Pro Stück
ca. 240 kcal / 1000 kJ

E 8 g, F 9 g, KH 30 g

Zutaten für 8 Stück:

225 g Weizenmehl Type 550
100 g blütenzarte Haferflocken
1/2 TL Jodsalz; 1/2 Würfel (21 g) frische Hefe
1/2 TL Zucker; 100 ml lauwarme Vollmilch
2 Eier (Gr. M); 30 g weiche Butter oder Margarine
2 EL gemahlene Haselnusskerne
Mehl für die Arbeitsfläche
1 EL gehackte Haselnusskerne
1 EL kernige Haferflocken

1. Das Mehl und die blütenzarten Haferflocken in einer Rührschüssel mit dem Salz mischen. In die Mitte eine Mulde drücken. Die Hefe zerbröckeln und mit dem Zucker in der lauwarmen Milch auflösen. Die Hefemilch zusammen mit den Eiern, dem Fett und den gemahlenen Nüssen in die Vertiefung geben. Alles zu einem geschmeidigen Teig verarbeiten. Zugedeckt an einem warmen Ort mindestens 1 Stunde, besser jedoch über Nacht im Kühlschrank gehen lassen.

Großmutters Tipp:

Wenn Sie für das Gehen des Teiges die „Kühlschrank-Methode" wählen, entwickeln sich die Hefezellen langsam und gleichmäßig. Es entsteht ein sehr feinporiger Teig. Am nächsten Morgen einfach kurz durchkneten.

2. Den Hefeteig auf einer leicht bemehlten Arbeitsfläche dünn zu einem Quadrat ausrollen und in 8 Dreiecke schneiden. Jeweils von der Grundseite zur Spitze hin aufrollen und zu Hörnchen formen. Mit Wasser bestreichen und mit gehackten Nüssen sowie kernigen Haferflocken bestreuen. Die Hörnchen zugedeckt an einem warmen Ort etwa 30 Minuten gehen lassen.

3. Die Haselnusshörnchen im vorgeheizten Backofen (E-Herd: 175 °C/Umluft: 150 °C/Gas: Stufe 2) etwa 25 Minuten goldbraun backen. Herausnehmen und auf einem Kuchengitter abkühlen lassen.

Register